Weiberwirtschaften
Rheinland-Pfalz

HÄDECKE

Weiberwirtschaften Rheinland-Pfalz

Refugien für Leib und Seele

Wirtinnen und ihre Lieblingsrezepte

Text Christa Aubel und Barbara Feyerabend
Fotos Angela Francisca Endress

1 **Gutsschänke Dietz, Oppenheim**
2 **Restaurant Völker, Oppenheim**
3 **Restaurant im Kapellenhof, Selzen**
4 **Landhaus Pilgerhof, Biebelnheim**
5 **Fachwerk im Eulengarten, Vendersheim**
6 **Weingut Beiser, Vendersheim**
7 **Chez Patty's, Wallertheim**
8 **Weingut Moebus, Siefersheim**
9 **Zur Sandmühle, Wahlheim**
10 **Vinorant, Rhodt**
11 **Restaurant Schneider, Dernbach**
12 **Weik's Vinothek & Restaurant, Neustadt**
13 **Eselsburg, Mußbach**
14 **NETTS, Gimmeldingen**
15 **Schockelgaul, Forst**
16 **Petersilie, Bad Dürkheim**
17 **7 Raben, Bad Dürkheim**
18 **Klosterschänke, Altleiningen**
19 **Pfälzer Hof, Weisenheim**
20 **Restaurant Julien, Kaiserslautern**
21 **Le Temple du Gourmet, Neuhütten**
22 **Mühlenburg, Daufenbach**
23 **Torschänke, Dudeldorf**
24 **Zehntscheuer, Herrstein**
25 **Alter Posthof, Spay**
26 **Römerburg, Boppard**
27 **Gutsschänke, Gau-Algesheim**
28 **Restaurant Andante, Mainz**
29 **Ristorante Il Mondo, Mainz-Finthen**

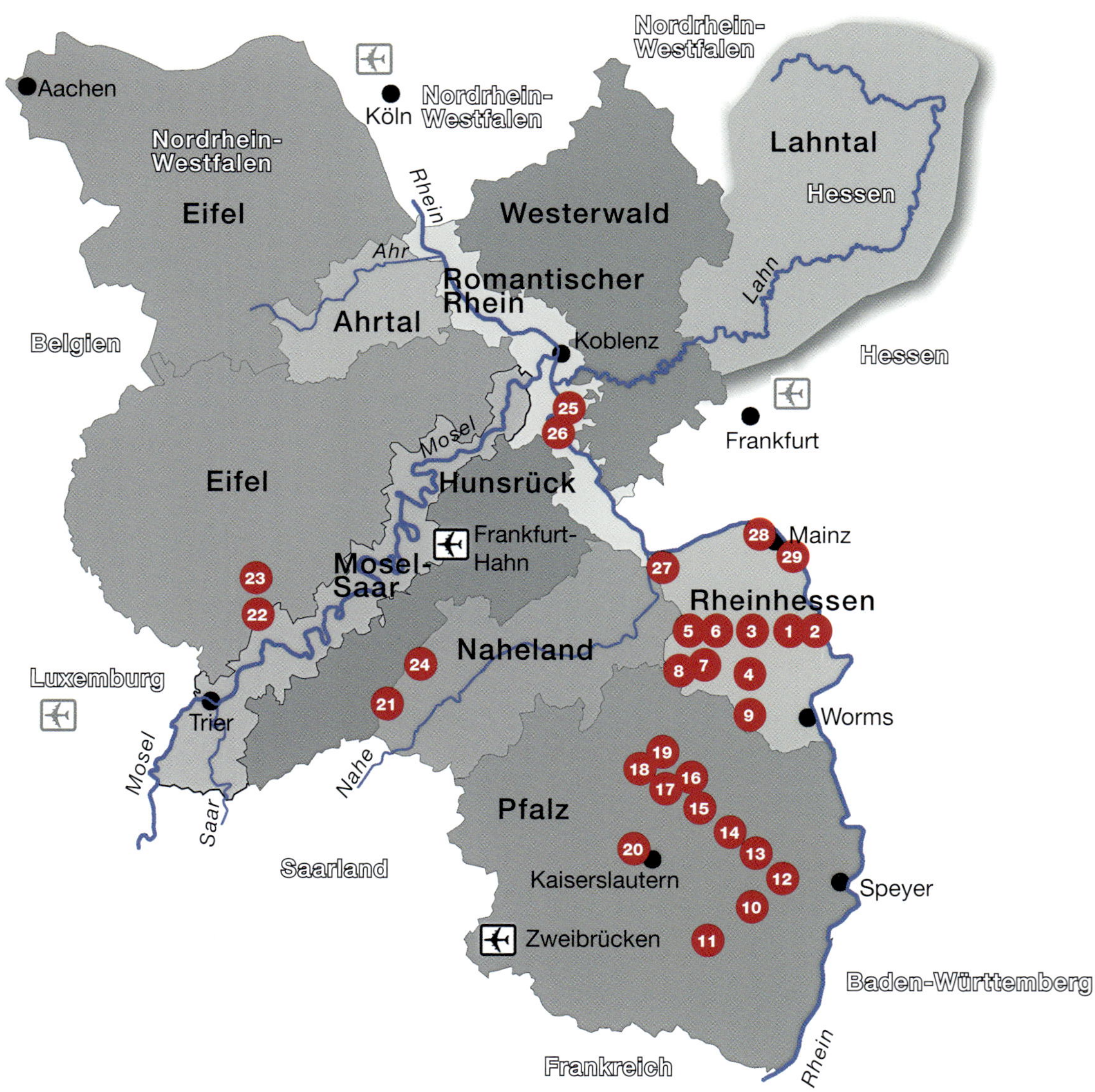

Frauenpower und Powerfrauen

Der erste Band dieser Reihe erschien 2009 mit den Weiberwirtschaft'n in Bayern. Was lag näher, dieses charmante Konzept von Ria Lottermoser auch auf andere Bundesländer zu übertragen? Und dabei fällt Rheinland-Pfalz ins Auge, kamen doch von dort im Jahre 2009 die meisten Winzerinnen Deutschlands – was sicher nicht nur allein an der Dichte der hervorragenden Weingüter in der Region liegt. Wo guter Wein wächst, ist die gute Küche nicht weit – von einfachen Gerichten bis zu edlen Kreationen der Sterneköchin. Genuss hat auch in diesen „Weiberwirtschaften" Priorität, das merkt man an den Rezepten und Geschichten, man spürt es am Umgang mit den Lebensmitteln und an der sorgfältig auf die Gerichte abgestimmten Getränkeauswahl.

Bei allen im Buch vorgestellten Gastronominnen ist ihr leidenschaftliches Engagement für den Beruf zu spüren, ob im Team oder als Alleinherrscherin am Herd, ob aus Familientradition oder aus Berufung. Sie zeichnen sich durch eigene Handschrift und Durchsetzungsvermögen aus, ohne die diese Frauen nicht da wären, wo sie heute in einer zum großen Teil noch immer von Männern dominierten Gastronomiewelt stehen. Erstaunlicherweise ist das Bild der Frau am heimischen Herd noch immer völlig normal, schwingt sie aber als erfolgreiche Berufsköchin den Löffel, erscheint dies als Ausnahme. Völlig zu unrecht, denn die Weinstuben, Restaurants oder Wirtschaften, die mit weiblicher Hand anders geführt werden, haben einen ganz besonderen Charme, bei dem die Gäste sich auf Anhieb wohlfühlen.

Die Köchinnen und Gastronominnen, die Autorinnen und die Fotografin möchten Ihnen, liebe Leserinnen und Leser, Lust machen, sofort loszuziehen, um sich in eines der vorgestellten Häuser zu begeben – und einfach nur zu genießen und die Seele baumeln zu lassen. Ich denke, das ist ihnen mit diesem Band über die weiblichen kulinarischen Höhepunkte in Rheinland-Pfalz auch gelungen. Eine genussvolle Lektüre wünscht Ihnen

Simone Graff, Verlegerin

1

Eine Köchin, die den Wingert liebt

Luzia Dietz
in der Gutsschänke Dietz in Oppenheim

Adresse
Gutsschänke Dietz
Wormser Straße 85
55276 Oppenheim
Telefon: 06133/3385
Fax: 06133/926014
E-Mail: info@weingut-dietz.com
Website:
www.weingut-Dietz.com

Öffnungszeiten
Do–Sa ab 17.00 Uhr
Sonn- und feiertags ab 12.00 Uhr

Der erste Eindruck täuscht – wer glaubt, im Weingut Dietz gebe es nur Wein zu kaufen, wird schnell eines Besseren belehrt. Hier trifft man auf eine gestandene Landfrau, die erst im Laufe der Jahre ihre wahre Berufung fand.

Manchmal braucht es Zeit und eigene Erfahrungen, um dem Leben eine Wende zu geben. Dass sie heute als Chefin einer beliebten Gutsschänke des eigenen Weingutes glänzt, hätte sich Luzia Dietz in ihrer Jugend niemals vorstellen können. Im landwirtschaftlichen Betrieb, in dem sie aufwuchs, war die Küche der Dreh- und Angelpunkt der Familie. Hier wurde das Essen zubereitet und Vorräte verarbeitet. Der Garten lieferte Gemüse und Obst, über die Hausschlachtung kam das Fleisch und die Mutter kochte und führte den Haushalt. Jeder packte mit an und zwangsläufig wurde auch sie schon als Kind beim Kochen mit eingespannt. „Ich habe schnell gemerkt, dass diese Arbeit nicht mein Lebenstraum ist".

Bratkartoffeln sind ein Highlight der Wirtin

Sie konnte sich bei den Eltern durchsetzen und begann eine Ausbildung zur Erzieherin. Daran anschließend wollte sie Heilpädagogik studieren. Doch dann kreuzte Bernd Dietz ihren Weg und sie verliebte sich in den jungen Winzer. Eine Familie wurde gegründet und als Hausfrau und Mutter stand sie wieder in der Küche, dieses Mal im eigenen Haushalt. Die beiden Söhne wurden größer, das tägliche Kochen wurde zur Routine, aber ihre Experimentierfreudigkeit nahm zu. Kein Wunder also, dass irgendwann bei Luzia Dietz der Wunsch entstand, ihr Essen mit den eigenen Weinen zusammenzubringen. So wurde aus der ehemaligen Weinprobierstube eine Straußwirtschaft, die vier Monate im Jahr geöffnet sein durfte. Nun konnten die Besucher nach ihrem Weineinkauf die rheinhessischen Spezialitäten der Wirtin kosten. Das Konzept funktionierte, es dauerte nicht lange und aus der Straußwirtschaft wurde nach einigen Renovierungen ein Gutsausschank mit ganzjähriger Öffnung. Im Erdgeschoss der alten Scheune speist man in rustikalem Ambiente und wer es gerne etwas heller und moderner mag, steigt hinauf unter das Giebeldach mit Blick auf die Weinberge. Ob hier oben oder gleich unten, die bodenständige Küche passt in jedem Fall zu der großen Auswahl der hauseigenen Weine und Sekte.

Helles, modernes Ambiente unterm Giebel

An den Öffnungstagen bekocht Luzia Dietz um die 40 bis 50 Gäste. So einen Erfolg hätte sie sich nie träumen lassen. Im Sommer, wenn auch im Hof eingedeckt ist, bewirtet sie oft die doppelte Personenzahl. Auch dieser Umstand bringt sie nicht aus dem Gleichgewicht und sie bringt ihre Hausmannskost zu moderaten Preisen routiniert auf den Tisch. Kleine selbst hergestellte Speisekarten preisen ihre Leibgerichte an. Die *Bratkartoffeln* sind das Highlight der zupackenden Wirtin. Und die Liebhaber dieser Kartoffelzubereitung kommen bei *Rumpsteak mit Bratkartoffeln und Röstzwiebeln* oder *gebackenem Mett mit Spiegeleiern und Bratkartoffeln* voll auf ihre Kosten. Überhaupt steht die Kartoffel im Vordergrund – in allen Variationen. „Die Kartoffel ist eine bemerkenswerte Knolle“ stellt Luzia Dietz fest. „Am Wochenende werden bei uns bis zu 50 kg Kartoffeln verarbeitet, deshalb muss auch jeder, der gerade Zeit hat, beim Kartoffelschälen helfen“, fügt sie hinzu.

Bei den Vorspeisen überwiegen mehrere Käseangebote. Diverse Räucherfische sowie eine Salatplatte runden die Empfehlungen ab. Als Vegetarierin bietet sie natürlich auch fleischlose Gerichte an. Ihr Lieblingsrezept sind die *Gemüseteigtaschen*. Sie sind der Renner auf ihrer Speisekarte.

Im Frühling, Sommer und im Herbst, veranstaltet das Weingut Hoffeste und kulinarische Weinproben. Es versteht sich von selbst, dass die patente Küchenchefin zu solchen Anlässen eine gesonderte Speisekarte und spezielle Menüs anbietet.

Eine besondere Attraktion des Weinguts ist die Rundfahrt mit dem Planwagen durch die Oppenheimer Weinberge. In fröhlicher Runde und bei großartiger Aussicht erhalten die Teilnehmer einen Einblick in den Weinbau und verkosten bei der Weinprobe sechs bis acht Weine. Ein kleiner Imbiss, natürlich von Luzia Dietz zubereitet, wird wahlweise dazu gereicht.

Das Credo der Wirtin lautet: „Wichtig ist, dass die Natur in den Genuss eingebracht wird.“ Diese Regel gilt auch für ihr privates Leben, als Helferin im eigenen Wingert und bei Spaziergängen in der nahen Umgebung.

Der Blick auf die Weinberge macht neugierig auf die Gewächse.

Ausflugstipps

Grundsätzlich bietet der historische Ort jede Menge verschiedener Attraktionen für Jung und Alt. Bei einem Bummel durch die historische Altstadt von Oppenheim erblickt der Besucher die auf einer Anhöhe gelegene **Katharinenkirche.** Dieses imposante gotische Bauwerk (13.–15. Jahrhundert) fesselt aufgrund seiner wechselvollen Geschichte sowohl Gläubige als auch Besucher, die sich mehr für die Baukunst interessieren. Es gilt als einer der schönsten Kirchenbauten am Rhein. Besonders stolz ist die Oppenheimer Kirchengemeinde auf die Woehl-Orgel mit den Registern der historischen Walcker-Orgel. (Besichtigungen: Apr.–Okt. täglich 8–18 Uhr, Nov.–März täglich 9–17 Uhr. Nähere Informationen unter: www.katharinen-kirche.de)

Von den beachtlichen **Ruinen der Oppenheimer Landskrone** aus hat man einen herrlichen Blick auf die Rheinebene, und an klaren Tagen kann man sogar bis nach Frankfurt und in den Odenwald sehen. Die Burgruine ist Ausgangs- bzw. Endpunkt des Weinlehrpfads. Wanderer können von hier aus quer durch die Oppenheimer Gemarkung, vorbei am berühmten Krötenbrunnen zum Deutschen Weinbaumuseum in der Wormser Straße gelangen (Informationen auf www.oppenheim-tourismus.de).

Gemüseteigtaschen mit Tomatensauce

Für 50 Stück oder 10 Portionen

Teig 10 Eigelbe | 800 g Mehl | 200 g Grieß | 1 TL Salz | Mehl zum Ausrollen

Füllung je 200 g Broccoli, Aubergine und Lauch | 2 EL Speiseöl | 100 g kräftiger Hartkäse (z. B. mittelalter Parmesan), frisch gerieben

Tomatensauce 1 kg Tomaten | 1 Zwiebel | 1 Knoblauchzehe | 250 g kalte Butter | 200 ml Rotwein | 1 EL frische Oreganoblättchen, gehackt | 2 Zweige Basilikum, abgezupfte Blätter | Salz, Pfeffer

Zum Bestreuen kräftiger Hartkäse (z. B. Parmesan), frisch gerieben

Gemüseteigtaschen mit Tomatensauce

■ Aus den Eigelben mit Mehl, Grieß und Salz einen festen Teig kneten, falls nötig etwas Wasser hinzufügen. Den Teig in Klarsichtfolie wickeln und einige Stunden ruhen lassen.
■ Broccoli, Auberginen und Lauch raspeln oder fein schneiden und im Speiseöl zusammen weich dünsten. Abkühlen lassen und mit geriebenem Käse vermischen.
■ Den Teig mit Hilfe von etwas Mehl dünn ausrollen. Runde Taler von 10 cm Durchmesser ausstechen. Auf jeden Taler ein Häufchen von der Füllung setzen, dann die Taler zu Halbmonden zusammenklappen, die Ränder mit einer Gabel gut festdrücken. In siedendem Salzwasser 10 Minuten garen, mit der Lochkelle herausnehmen und abtropfen lassen.
■ Für die Tomatensauce Tomaten kurz in kochendes Wasser tauchen, Haut abziehen und den Stielansatz entfernen. Tomaten im Mixer pürieren. Zwiebel und Knoblauch schälen, fein würfeln und in etwas Butter anschwitzen. Pürierte Tomaten dazugeben und kurz aufkochen. Oregano und Basilikum hinzufügen, mit Rotwein aufgießen und kurz kochen lassen. Soviel kalte Butter unterrühren, bis die Sauce sämig ist. Mit Salz und Pfeffer abschmecken.
■ Gemüseteigtaschen auf vorgewärmten Tellern anrichten und die Tomatensauce darüberschöpfen. Mit Reibekäse bestreuen und servieren. Ein Spätburgunder Weißherbst passt perfekt dazu.

Bratkartoffeln, die zu allen Gerichten schmecken

Alles an seinem Platz für das gute Gelingen

1 kg Kartoffeln, fest kochend | 4–5 EL Butterschmalz | 1 EL Speckdunkes (siehe Tipp) | Salz, Pfeffer | Muskatnuss, frisch gerieben

■ Die Kartoffeln am Vortag in der Schale kochen, danach abtropfen und erkalten lassen.
■ Am nächsten Tag die Kartoffeln pellen und in dünne Scheiben schneiden.
■ In einer großen Pfanne das Schmalz erhitzen, die Kartoffeln zugeben und braten, bis die Unterseite golden gebräunt ist. Die Kartoffeln wenden und auf der zweiten Seite braten. Kurz vor Ende der Bratzeit die Speckdunkes zugeben und kurz mitbraten. Bratkartoffeln mit Salz, Pfeffer und Muskat würzen.

TIPP

■ Speckdunkes ist eine Mischung aus gebratenen Zwiebeln, Dörrfleischwürfeln (getrockneter durchwachsener Speck) und gehackter Petersilie. Man kann man sie auf Vorrat zubereiten und einige Tage im Kühlschrank aufbewahren.

2

Genuss, Kultur und Kunst

Ute Völker
im Restaurant Völker in Oppenheim

Adresse
Restaurant Völker
Krämerstr. 7
55276 Oppenheim
Telefon: 06133/2269
Fax: 06133/2298
E-Mail:
info@restaurant-voelker.de
Website:
www.restaurant-voelker.de

Öffnungszeiten
Do–Fr ab 18.00 Uhr
Sa, So und feiertags ab 12.00 Uhr
Mo–Mi Ruhetag

Mitten im historischen Weinort Oppenheim am Rhein befindet sich ein altehrwürdiges Restaurant, in dem Altes und Neues kongenial verbunden werden – eine Lokalität mit äußerst bemerkenswertem Hinter- und rund 800 Jahre altem Untergrund. Hier begegnet man Gastgebern, die den Begriff „KochKunst" in mehrfacher Hinsicht wörtlich nehmen.

In diesem Haus erblickte Paul Wallot, der Erbauer des Berliner Reichstags, im Jahr 1841 das Licht der Welt. Diesem denkwürdigen Ereignis ist bis zum heutigen Tag einer der Gasträume gewidmet. 1923 entstand das Weingut Josef Blum und Völker. 1992 eröffnete die Familie zunächst eine Straußwirtschaft und aufgrund der großen Resonanz wurde fünf Jahre später daraus ein Gutsausschank. Heute beherbergt das traditionsreiche Haus ein äußerst geschmackvoll renoviertes modernes Restaurant mit preisverdächtiger Küche. Die hervorragenden regionalen Gerichte mit mediterranem Touch der Chefköchin Ute Völker fielen schon vor Jahren den Testern des Gourmet-Journals „Der Feinschmecker" auf. Für den „mühelosen Spagat zwischen einer klassischen Gutsküche und kreativen internationalen Gerichten" gab es auf Anhieb anderthalb Punkte.

„Genuss – Kultur – Kunst", so das Leitmotiv von Ute und Josef Völker, findet hier im wahrsten Sinne des Wortes auf mehreren Ebenen statt. Während man vom Hausherrn bei einer ganz besonderen Reise ins Mittelalter begleitet wird, bereitet seine Frau die kulinarischen Genüsse vor.

Über vier Etagen in den Untergrund zieht sich die mittelalterliche Anlage inmitten des Ortskerns. In einem der alten Gewölbekeller des Hauses findet seit Jahren das kultige Untergrundtheater

Der idyllische Garten bietet Platz für 70 Gäste.

Der Wächter über regionale und asiatische Genüsse

mit „Dinner for One uff rhoihessisch“ statt und erfreut sich großer Nachfrage. Im Anschluss an die bekannte und beliebte Aufführung dinieren die Theatergäste oberirdisch in wunderschönen Räumen. Küchenchefin Ute Völker hat inzwischen ein 3-Gänge-Menü mit frischen Zutaten der Saison vorbereitet.

Wer nicht an diesem kulturellen Kunstgenuss teilnehmen will, kann aus zwei wechselnden Speisekarten wählen, die zwischen „Völkers Klassiks“ und „Kulinarium“ unterscheiden. Als ersten Hinweis auf die gehobene Küche serviert eine weiß behandschuhte Kellnerin zunächst zwei liebevoll angerichtete Grüße aus der Küche, beispielsweise *Tranche vom geschmorten Schweinebäckchen mit Serviettenknödel und Jus* oder *Gorgonzola-Mousse mit Staudensellerie und Apfel.*

Dann hängt es davon ab, ob Sie sich für das „kulinarische“ Angebot des 3- bis 5-Gänge Menüs oder für ein eher „klassisches“ Gericht entschieden haben.

Die deftigen und dennoch feinen regionalen Gerichte, als auch die Menüfolge sind neben mediterranen auch von asiatischen Einflüssen inspiriert, z. B. *Bavette „Thai-Art“ mit gebratenen Riesengarnelen.* Aber es finden sich auch *Saumagen, Leberknödel und Bratwurst mit Weinsauerkraut und Püree* auf der Karte.

Die Angebote in Völkers „Kulinarium“ wechseln regelmäßig. Im Herbst oder Winter könnten beispielsweise *Thailändisches Rosenkohl-Maronen-Curry mit Jasminreis, Steinpilzcremesuppe mit Mini-Rinderfilet-Türmchen, gebratenes Zanderfilet mit geräuchertem Sellerie und gegrillter Avocado* oder *geschmorter Taunusrehwickel und Nussschnitzel mit Jus, Dörrobstknödeln und Spitzkohl* auf der Karte stehen.

Zu jedem Gericht bietet Weinexperte Josef Völker passende Tropfen an. Die meisten stammen von Spitzenweingütern aus Rheinhessen und der Pfalz.

Ute Völker, gelernte Steuerfachfrau, entwickelte ihre differenzierten Fähigkeiten zunächst in einem Kochclub. Über diesen Umweg fand sie dann doch ihre Berufung und folgte der Tradition ihrer Vorfahren, denn bereits ihre Großmutter und die Ur-Urgroßmutter waren talentierte Köchinnen. Letztere bekochte sogar einst den englischen König Eduard VII., der sich 1882 im renommierten „Ritters Parkhotel“ in Bad Homburg aufhielt. Leider ist nicht überliefert, was sie dem königlichen Gast damals servierte. Das hätte die Ur-Urenkelin natürlich sehr interessiert!

Nach ihren ganz persönlichen Lieblingsrezepten befragt, nennt Frau Völker u. a. *Bachsaibling mit Gemüseragout auf Sauerampferpüree* und die *Lorbeer-Mandel-Hippe mit karamelisierten Weinbergpfirsichen.*

Dass die Küchenchefin ihr Handwerk bestens beherrscht und bereit ist zu experimentieren, hat sich mittlerweile auch in Fachkreisen herumgesprochen. So nahm Ute Völker im November 2009 an einem außergewöhnlichen Event teil. Neben Cornelia Poletto, Christiane Detemple-Schäfer, Eva Eppard sowie Petra Roth-Püngeler war sie eine der zwölf geladenen Spitzenköchinnen Deutschlands die zum Thema „Frauenpower – Powerfrauen“ auf Schloss Vollrads für 300 geladene Gäste kochte.

Seit 1999 verwöhnen Völkers ihre Gäste gemeinsam in ihrem schönen Haus mit der rundum gelungenen Mischung aus Tradition und Moderne. Im historischen Gemäuer stimmt wirklich alles. Das Ambiente hat Stil, der Service ist freundlich und sehr aufmerksam. Wechselnde Kunst an den Wänden bietet auch Stammgästen immer wieder Neues fürs Auge.

Im Restaurant mit 57 Plätzen empfängt der Hausherr charmant seine Gäste. In der Weinstube, bewusst im Stil der 50er Jahre gehalten, können 24 Gäste Platz nehmen. Der Paul-Wallot-Salon hat 8 bis 10 Sitzplätze. Der idyllische Altstadtgarten, mit Blick auf die berühmte Katharinenkirche, bietet bis zu 70 Gästen Platz, und im Foyer, das ideal für Empfänge an einer Sektbar ist, finden auch Raucher im Winter einen kuscheligen Platz am Kaminofen.

Bank mit Aussicht auf kulinarische Überraschungen

Ausflugstipps

Oppenheim bietet ganzjährig jede Menge verschiedener Attraktionen für Jung und Alt. Erwähnt seien hier die **Theaterfestspiele,** die vielseitigen Angebote des stark besuchten **Kultursommers** sowie die Konzerte in der berühmten Katharinenkirche (weitere Tipps im vorhergehenden Kapitel).

Für Sportler ist ausreichend gesorgt, und wer besonders hoch hinaus will, kann sogar Segelfliegen.

Bachsaibling mit Gemüseragout auf Sauerampferpüree

ca. 800 g Bachsaiblingfilets | Olivenöl zum Braten

Gemüseragout je 200 g junge Möhren, Frühlingslauch und grüner Spargel (nach Wunsch auch Morcheln) | 1 EL Olivenöl | 1 EL Butter | Salz, Pfeffer | ein paar Tropfen Zitronenöl (aromatisiertes Olivenöl) | 1 Zweig Thymian

Sauerampferpüree 400 g Kartoffeln, mehlig kochend | 250 ml Milch | 50 g Butter | Salz | Muskatnuss, frisch gerieben | 1 Bund Sauerampfer

Kartoffelsegel 1 große Kartoffel | Olivenöl zum Bepinseln

■ Die Bachsaiblingfilets quer in Rauten schneiden und mit Olivenöl in einer Pfanne auf der Haut heiß anbraten, so dass das Fischfleisch noch leicht glasig ist.

■ Für das Gemüseragout das Gemüse putzen und in mundgerechte Stücke schneiden. Die Möhren erst in Salzwasser knackig vorgaren, dann mit dem Frühlingslauch und den Spargeln in Olivenöl und Butter anschwitzen, salzen und pfeffern. Einige Tropfen Zitronenöl und einen Thymianzweig dazugeben und das Gemüse bei kleiner Hitze knapp gar ziehen lassen.

■ Für das Sauerampferpüree geschälte Kartoffeln weich kochen, danach abtropfen lassen. Milch erhitzen, die gekochten Kartoffeln durch eine Presse dazu drücken, Butter hinzufügen, alles gut verrühren, mit Salz und Muskat würzen. Sauerampferblätter in feine Streifen schneiden und pürieren. Erst kurz vor dem Anrichten mit dem Kartoffelpüree vermischen.

■ Für die Kartoffelsegel Kartoffel schälen, hauchdünn aufschneiden oder hobeln. Kartoffelscheiben schuppenartig übereinander legen, mit einem Tuch bedecken und mit einem Nudelholz darüberrollen. Kartoffeln in Segel-Form zuschneiden. Zwischen zwei geölte Backpapiere legen, mit einem Blech beschweren und im Backofen bei 175 °C ca. 30 Minuten goldbraun backen.

■ Sauerampferpüree auf vorgewärmten Tellern anrichten. Mit Gemüse, Bachsaiblingstücken und Kartoffelsegel garnieren und servieren.

Bachsaibling mit Kartoffelsegel

Weißes Schokoladenparfait mit karamellisiertem Weinbergpfirsich und Lorbeer-Mandel-Hippe

Für 4–6 Portionen

Parfait 250 ml Sahne | 160 g weiße Kuvertüre | 2 Eier | 2 Eigelbe | 35 g Zucker

Lorbeer-Mandelhippe 1 Ei, verquirlt | 100 g frischer Blätterteig (oder TK-Ware, aufgetaut) | ca. 50 g Rohrohrzucker | ca. 15–20 frische Lorbeerblätter | ca. 70 g Mandelblättchen

Karamellisierte Weinbergpfirsiche einige reife Weinbergpfirsiche (ca. 60 g pro Portion) | 2–3 EL Rohrohrzzucker | ca. 50 ml Riesling | 30 g Butter

Lorbeer-Mandel-Hippe auf karamellisierten Weinbergpfirsichspalten mit weißem Schokoparfait

■ Sahne steif schlagen und Kuvertüre über dem Wasserbad zerlassen. Eier, Eigelbe und Zucker über dem Wasserbad mit dem elektrischen Handrührer zu einer cremigen, hellen Masse aufschlagen. Anschließend über Eis kaltrühren und die zerlassene Kuvertüre unterziehen. Schlagsahne vorsichtig unterheben und die Parfaitmasse in kleine Eisbombenformen füllen. 4–5 Stunden im Tiefkühlfach gefrieren lassen.

■ Den Backofen auf 190 °C vorheizen. Blätterteig ausrollen, in schmale Streifen schneiden und mit dem verquirltem Ei bestreichen. Streifen auf ein mit Backpapier belegtes Blech legen.

■ Zucker und Lorbeerblätter im Mixer zerkleinern und zusammen mit den Mandelblättchen auf den Blätterteig streuen. Hippen im vorgeheizten im Backofen ca. 10 Minuten backen.

■ Weinbergpfirsiche in Spalten schneiden. Zucker in einer beschichteten Pfanne karamellisieren lassen und die Pfirsichspalten hinzufügen. Vorsichtig mit dem Weißwein ablöschen und Butterflöckchen dazugeben.

■ Pfirsichspalten mit Parfait und je einer Hippe auf Desserttellern anrichten.

3

Vom Hobel zum Herd

Nora Breyer
in Kaupers Restaurant im Kapellenhof in Selzen

Nora Breyer stammt aus einer Schreinerfamilie, entwickelte aber schon früh ihre Leidenschaft fürs Kochen. Eine Ausbildung zur Köchin war ihr festes Ziel. Doch die Zeit bis zum Antritt der Kochlehre bei einem Sternekoch musste überbrückt werden. Was lag also näher, als vorher eine Schreinerlehre zu machen. Danach war der Weg frei für ihre wahre Berufung, das Kochen.

Einer Legende zufolge wurden die Bewohner im rheinhessischen Selzen verpflichtet, die quakenden Frösche in der Selz zum Schweigen zu bringen, indem sie mit Stangen auf das Wasser schlugen. Die Gutsherrschaft wollte ungestört schlafen. Die Bürger von Selzen tragen daher den Spitznamen „Selzer Frösche". Heute zählt der Ort ca. 1.500 Häupter und bietet statt der Frösche ein gastronomisches Highlight: Nora Breyer und Sebastian Kauper bieten dort seit Sommer 2010 ihre Erlebnisgastronomie der besonderen Art an. Schon nach kurzer Zeit kürte sie der Mainzer Gastronomieführer zum „Aufsteiger des Jahres", was ihnen in der Gesamtwertung den 3. Platz bescherte.

Sebastian Kauper kam nach vielen Stationen in der Sternegastronomie, u. a. bei Juan Amador, als Küchenchef zum Espenhof nach Uffhofen. Hier gewann er Nora Breyer, die gerade ihre Lehre als Jahrgangsbeste abgeschlossen hatte, für sein Team. Bei einem Essen im Restaurant sprang der Funke zwischen den beiden sofort über. Ihre anschließende Teamarbeit ging Hand in Hand und nach zwei Jahren gemeinsamen Wirkens wollten sie unabhängig etwas Eigenes kreieren. Sie wollten selbst Gastgeber sein und mit ihrer Begeisterung für den Genuss und den Beruf Feinschmeckern ein durchdachtes Gesamtkonzept bieten.

Adresse
Kaupers
Restaurant im Kapellenhof
Kapellenstraße 18 a
(Anfahrt für das Navigationsgerät: Kirschgartenstraße)
55278 Selzen
Telefon: 06737/8325
Fax: 06737/760757
E-Mail:
info@kaupers-kapellenhof.de
Website:
www.kaupers-kapellenhof.de

Öffnungszeiten
Mo, Di, Fr, Sa ab 18.00 Uhr
So, feiertags 12.00–14.00 Uhr
und ab 18.00 Uhr
Mi und Do Ruhetag

Hübsch eingedeckte Tische und die kultivierte Atmosphäre tragen dazu bei, dass alle sich wohlfühlen.

Der richtige Rahmen für einen gemütlichen Abend

Das passende Objekt war bald gefunden und Nora Breyer konnte ihre Kenntnisse als Schreinerin einbringen. Der ehemalige Kapellenhof wurde neu gestaltet und in eine Oase der Gastlichkeit verwandelt.

Das Paar setzt klare Prioritäten: Reservierungen der Gäste werden ab 15 Personen gestoppt. Beiden war klar: „Wir kennen unsere Leistungen“ und „Qualität geht vor Massengeschäft“. Aber keine Regel ohne Ausnahme. Zu speziellen Anlässen schlemmen bis zu 60 Personen die großen und kleinen Verführungen. Dies gelingt, weil schon vorher die Rahmenbedingungen abgesteckt sind und Vieles vorbereitet werden kann.

Nora Breyer führt ihre Gäste mit viel Fachwissen und Sachverstand durch die kulinarische Welt des Kapellenhofs. Alle vier bis sechs Wochen ändert sich die Speisekarte. Die Gerichte sind jahreszeitabhängig und Gemüse wird ausschließlich aus der Region verarbeitet: „Bei uns ist Frische gewährleistet“, betont die ausgebildete Köchin.

Überhaupt die beiden Menüs! *Verführung in 5 und 6 Akten* ist eine kongeniale Verbindung von Essen und Trinken. Zu jedem Gang wird der passende Wein in der Menge von 0,1 l angeboten. „Wir wissen, was passt! Verlassen Sie sich auf uns!“ ist die Aussage der engagierten Gastronomin und Köchin. Verlockend auch die Auswahl und Bezeichnung der einzelnen Gänge. Ein Beispiel zum 4. Akt: *Eichel-Kastanien-Wutz*. Zum Ibérico-Schwein mit Lauch und Esskastanien wird Grauburgunder Himmeltal gereicht. Zum 5. Akt empfiehlt Nora Breyer zum *Feuerapfel / Marzipan* eine Riesling Auslese.

Wer sich nicht auf das empfehlenswerte Abenteuer der Weinvorschläge einlassen möchte, kann unter den 150 angebotenen Gewächsen seine eigene Auswahl treffen. In dem gläsernen, begehbaren Rotweinschrank, der drei Klimastufen (von 15 bis 18 °C) regelt, sind hervorragende Weine namhafter Winzer zu finden. Die Weißweine stehen den Rotweinen in nichts nach.

Dass Nora Breyer ein Herz für Pkw-Fahrer hat, beweist sie bei der „Autofahrer-Weinreise“. Oft im Nachteil und dennoch nicht ausgegrenzt, bekommen sie beim gleichen Menü den angebotenen Wein in einem Glas von 0,05 l Inhalt. So kann jeder bei diesem Gourmeterlebnis die Weinvorschläge kosten und sicher nach Hause gelangen, ohne die Promillegrenze zu überschreiten.

Aus den Menüs kann man auch à la carte auswählen. Der Fischliebhaber wird mit frischem Rheinfisch verwöhnt, der lebend angeliefert wird. Als zertifizierter Fischer weiß Sebastian Kauper, dass er nur so die notwenige Frische garantieren kann.

Die Gläser lassen die Vielfalt der Getränke erahnen

Als ihr Lieblingsrezept nennt Nora Breyer ein *Pot au Feu vom Reh*. Ein befreundeter Jäger ist Lieferant für ihre Wildgerichte und grundsätzlich wird in diesem Restaurant „aus Respekt vor dem Leben des Tieres fast alles verarbeitet".

Wer gerne selber kochen möchte, kann für dieses Hobby in Kaupers Restaurant den letzten Schliff bekommen. Kulinarisches Erlebniskochen bietet das Paar, das sich blind versteht, in individuellen Kochkursen an. Exklusiv für Zwei oder fröhlich in einer Gruppe bis zu zehn Personen, das stimmungsvolle Restaurant mit dem Spitzgiebel bietet auch dafür den geeigneten Rahmen.

Ausflugstipp

Im kleinen rheinhessischen Ort Selzen kann man im wahrsten Wortsinn in die Luft gehen – per Heißluftballon. Betrachten Sie die Welt einmal aus der Vogelperspektive, ein ganz besonderer Rundumblick auf die Gegend (telefonisch buchbar unter 034601/22473, 10.00–22.00 Uhr).

Wer lieber auf dem Boden bleibt, findet in der näheren Umgebung neben Rad- und Wanderwegen so manches lohnende Ausflugsziel. Nur elf Kilometer entfernt liegt die wegen ihrer weltberühmten Weinlagen viel besuchte **Stadt Nierstein** mit der Möglichkeit, wiederum das Transportmittel zu ändern. Hier kann man mit einer Fähre nicht nur die Rheinseite, sondern auch das Bundesland wechseln und wenige Minuten später in Hessen an Land gehen.

Pot au Feu vom Reh

Rehconsommé 1 kg Rehknochen, gehackt | 2 Zwiebeln | 50 g Lauch | 50 g Karotten | 50 g Knollensellerie | 10 weiße Pfefferkörner | 1 Lorbeerblatt | Meersalz

Rehleberknödel 500 g Rehschulter | 150 g Rehleber | 80 g grüner Bauchspeck | 2 Brötchen vom Vortag | 1 Ei | Meersalz, weißer Pfeffer

Rehrücken 600 g Rehrücken | Meersalz, Pfeffer | Pflanzenöl zum Braten | 20 g Butter

Pilzeinlage 200 g kleine Pfifferlinge | 60 g feine Schalottenwürfel | 30 g Butter | Meersalz | frische Majoranblättchen

Auf Grundlage der klassischen französischen Küche wird hier ein eigener Küchenstil gepflegt, der dem natürlichen Geschmack der Produkte gerecht wird.

■ Die Rehconsommé bereits am Vortag zubereiten. Die Zwiebeln mit Schale quer halbieren und in einem hohen Topf mit der Schnittseite nach unten, ohne Zugabe von Fett und Öl, langsam schwärzen. Die Knochen im Backofen etwa 25 Minuten bei 140 °C anrösten. Das Gemüse in grobe Würfel schneiden. Die Zwiebeln vom Topfboden lösen, Knochen und Gemüse dazugeben und mit kaltem Wasser auffüllen, bis alles gut bedeckt ist. Bei schwacher Hitze die Brühe langsam zum Siedepunkt bringen und halten, jedoch auf keinen Fall kochen lassen. Dabei immer wieder die aufsteigenden Trübstoffe mit einer Kelle abschäumen, so dass die Brühe immer klarer wird. Nach 1–2 Stunden den Fond durch ein Passiertuch laufen lassen und kalt stellen. Am nächsten Tag das erkaltete Fett vorsichtig abschöpfen und die Brühe nach Geschmack einkochen. Zum Schluss nochmals mit Meersalz abschmecken.

■ Für die Rehleberknödel Rehschulter, Rehleber, Bauchspeck und Brötchen durch die grobe Scheibe eines Fleischwolfs lassen, mit dem verquirlten Ei vermengen und mit den Gewürzen abschmecken. Zur Fertigstellung kleine, walnussgroße Knödel aus der Masse formen und in einen Teil der siedenden Rehconsommé geben. Solange ziehen lassen, bis die Knödel nach oben steigen (6–15 Minuten). Die Knödel dürfen im Innern noch leicht rosa sein.

■ Für den Rehrücken den Backofen auf 140 °C (Ober- und Unterhitze) vorheizen. Den Rehrücken mit einem scharfen Messer von

Pot au Feu vom Reh mit Rehleberknödeln und Pfifferlingen

der Silberhaut befreien, mit Meersalz und zerstoßenem Pfeffer würzen, in Pflanzenöl einmal rundherum anbraten (nicht länger als eine Minute) und im vorgeheizten Ofen 15–20 Minuten garen. Danach den Rehrücken in Alufolie wickeln und an einem warmen Ort ca. 10 Minuten ruhen lassen. Kurz vor dem Servieren mit zerlassener Butter in der Pfanne schwenken.

■ Für die Pilzeinlage die Pfifferlinge mit einem Pinsel oder feuchten Tuch vorsichtig reinigen. Die Butter in einer Pfanne zerlassen. Schalotten würfeln, auf kleinster Stufe etwa 15 Minuten, ohne Farbe nehmen zu lassen, anschwitzen. Die Pfifferlinge dazugeben, mit Meersalz würzen und weitere 3 Minuten in der Pfanne garen, dabei hin und wieder die Pfifferlinge wenden.

■ Die Pfifferlinge in der Mitte von tiefen, vorgewärmten Tellern anrichten. Den Rehrücken in dünne Scheiben schneiden, über die Pilze geben, je drei heiße Leberknödelchen darum herumlegen und vorsichtig mit heißer Rehconsommé auffüllen.

TIPPS

■ Rehleber und -knochen sind nur auf Vorbestellung beim Jäger oder Metzger Ihres Vertrauens zu bekommen. Am besten dort alle benötigen Rehzutaten zusammenstellen und vorbereiten lassen.

■ Am besten schmeckt ein frisch aufgebackenes Stück Graubrot zum Pot au Feu.

Pilgerköchin
Johanna

4

Pilgers Einkehr

Johanna Fluhr
im Weingut Landhaus Pilgerhof in Biebelnheim

Adresse
Weingut Landhaus Pilgerhof
Familie Fluhr
Obere Kirchgasse 10
55234 Biebelnheim
Telefon: 06733/6242
Fax: 06733/8701
E-mail: info@weingut-fluhr.de
Website: www.weingut-fluhr.de

Öffnungszeiten
April–Dezember Fr und Sa
ab 18.00 Uhr
weitere Termine nach Vereinbarung möglich

„Vielleicht habe ich die Liebe zum Kochen ja doch ein bisschen geerbt“ überlegt die kreative Landhausköchin, denn bis heute macht Johanna Fluhr ihre beliebten „Backes-Grumbeere“ im gusseisernen Bräter der Großmutter.

Die Saucen wurden zunächst von der Mutter übernommen, von der Schwiegermutter kam das Rezept für ganz besondere *Frikadellen nach Oma Mine*. Mittlerweile holt sie sich ihre Anregungen in ungezählten Kochbüchern, wobei Tim Mälzer, Alfons Schuhbeck und Claudia Poletto ihre kochenden Vorbilder sind.

Dass sie durchaus Begabung und Lust zum kreativen Umgang mit allerlei Speisen hat, entdeckte die gelernte Einzelhandelskauffrau erst nach und nach. Eine wachsende „moderne Pilgerschar“, die den reizvollen Pilgerpfad aus dem 17. Jahrhundert, der direkt am Weingut entlang verläuft, zu Fuß oder per Fahrrad erkundet, musste untergebracht und bewirtet werden. So entstand 1995 zunächst das Landhaus mit fünf Doppelzimmern und zwei Ferienwohnungen. Seither kann man in dem gastfreundlichen Familienbetrieb ein so genanntes Erlebniswochenende buchen.

Grüne Pracht im mediterran anmutenden Garten

Während ihr Mann, Winzermeister und Jäger Dieter Fluhr, die Besucher auf Wunsch gerne per Planwagen durch die nähere Umgebung fährt, bereitet Johanna Fluhr die kulinarische Weinprobe nebst Pilgermenü vor. Dieses originelle Angebot sprach sich herum, und so kam es 2005 zu einem weiteren Ausbau des Betriebs.

In der äußerst stilvoll eingerichteten Weinstube kann die Hausherrin ihre unübersehbare Leidenschaft für Dekoration und Inneneinrichtung zeigen. Obwohl ihr Herz eher an alten Möbeln hängt, die sie teilweise selbst liebevoll und aufwendig restauriert hat, gelingt ihr ein zeitgenössischer Mix aus Alt und Neu. Alte Eichentische, eine zentnerschwere Sitzgruppe aus 300-jährigem Ulmenholz und ein schön gestalteter Kamin laden zum gemütlichen Verweilen ein. Der Bauerngarten mutet hingegen durchaus mediterran an.

Ihren guten Geschmack beweist sie aber auch mit zunehmend eigenen Kreationen aus ihrer Landhausküche. Am Anfang gab es die bei vielen Winzern vorgefundene obligatorische Wurstplatte, doch schon bald folgte ein *Winzerbraten mit Rieslingsoße*. Mittlerweile gibt es die eingangs erwähnten *Backes-Grumbeere* (Backhauskartoffeln) mit Salat an jedem ersten Mittwoch in den Monaten April–Juli/September–Dezember. Ebenso beliebt ist der hausgemachte Flammkuchen.

Bei der Jakobsmuschel am Eingang rechts in den Hof abbiegen, wo einen der Garten empfängt, in dem 40 Personen Platz finden.

Seit Jahren gibt es feste Rituale wie beispielsweise der gut besuchte Muttertags- oder Adventsbrunch sowie Themenabende zu „Wein und Comedy". Die schönen Räumlichkeiten, einschließlich der ganz modern sanierten historischen Scheune stehen zudem für alle anderen möglichen Feierlichkeiten zur Verfügung.

Egal was serviert wird, immer werden die Gäste ausschließlich mit frischen saisonalen Gerichten verwöhnt. Da die Stammkundschaft dennoch überwiegt, wechselt die Speisekarte einmal im Monat, und auch das Pilgermenü ist jahreszeitlich passend. Das Wild für den *Wildschweinbraten* liefert Dieter Fluhr, und die erforderlichen Gewürze bezieht die talentierte Köchin online im Gewürz-Shop. Die Vielfalt und die ungewöhnlichen, ausgefallenen Gewürze, die sie dort findet, begeistern Johanna Fluhr und inspirieren sie zu immer neuen lukullischen Kombinationen. Ihre Angebote bezeichnet sie als „feinere Hausmannskost". Zu allen Gerichten gibt es selbstverständlich Weine aus dem eigenen Weingut. Wer aber partout Bier trinken möchte, der bekommt – wen wundert's – helles oder dunkles „Pilgerbräu" aus der Flasche.

Ausflugstipps

Es bietet sich an, den **historischen Pilgerpfad,** vorbei am *Wingertsheisje* der Familie Fluhr, zu erkunden. Dieses Weinberghäuschen wurde im Jahr 2007 von der Weinbruderschaft Rheinhessen als Schönstes prämiert.

Bei längerem Verweilen lohnt sich ein Besuch in den **nahe gelegenen historischen Städten.** Besonders sehenswert ist das Alzeyer Schloss, die Oppenheimer Katharinenkirche und die Burgruine Landskrone, der Wormser Dom und die Gutenbergstadt Mainz mit ihren unzähligen römischen Monumenten.

Wildschweinbraten mit Rotkohl und Kartoffelklößen

Herzhafte Gerichte, nicht nur für Pilger, werden von der kreativen Köchin verfeinert.

Für 8–10 Portionen

Wildschweinbraten 2 kg Wildschweinkeule (ohne Knochen), pariert | Salz, Pfeffer | 40 g Butterschmalz | 2 Zwiebeln | 3 Möhren | 1 Stange Lauch | 1 kleine Sellerieknolle | ¾ l Rotwein | ¼ l Wasser | 10 Wacholderbeeren | 1 Lorbeerblatt | 4 Nelken | 1 Prise Rosmarinpulver | 30 g Butter mit 25 g Mehl verknetet | 1 EL Johannisbeergelee | 100 g saure Sahne | Salz, Pfeffer

Rotkohl mit Apfel 800 g Rotkohl | 1 Zwiebel | 2 EL Öl | 2 TL Zucker | 1 Apfel (z. B. Elstar) | 2 EL Obstessig | 2 Lorbeerblätter | 80 ml Rotwein | 80 ml Fleischbrühe | Salz, Pfeffer

Kartoffelklöße 1 kg Kartoffeln, fest kochend | 50 g Kartoffelstärke | 50 g Mehl | 2 Eier | ½ TL Majoranblättchen, fein gehackt | Salz | Muskatnuss, frisch gerieben |

■ Für den Wildschweinbraten den Backofen auf 200 °C (180 °C Umluft) vorheizen. Wildschweinkeule rundum mit Salz und Pfeffer würzen, in einem Bräter im Schmalz von allen Seiten anbraten. ■ Zwiebeln schälen, Möhren, Lauch und Sellerie putzen und alles grob würfeln. Keule aus dem Bräter nehmen und beiseite legen. Nun die Gemüsewürfel im Bräter anschwitzen, bis es angenehm duftet. Mit Wein und Wasser auffüllen und zum Kochen bringen,

Küche und Keller bieten angenehme Überraschungen.

dann das Fleisch zurück in den Bräter geben. Wacholder, Lorbeer, Nelken und Rosmarin unterrühren und den Bräter für ca. 1½ Stunden in den vorgeheizten Backofen schieben.

■ Wenn das Fleisch gar ist, die Keule herausnehmen und warm stellen. Die Sauce mit dem Gemüse durch ein Sieb streichen, dabei mit dem Löffel gut durchdrücken, damit vom Gemüse möglichst viel durchgepresst wird. Die Mehlbutter einrühren und die Sauce köcheln, bis sie gebunden ist. Mit Johannisbeergelee und Sahne verfeinern, mit Salz und Pfeffer abschmecken.

■ Für den Apfel-Rotkohl den Rotkohl putzen, vierteln und ohne den harten Strunk quer in dünne Streifen schneiden oder hobeln. Die Zwiebel schälen und fein würfeln.

■ Das Öl in einem Topf erhitzen. Zwiebelwürfel glasig dünsten, mit Zucker bestreuen und weiterdünsten, bis der Zucker geschmolzen ist. Den Rotkohl zugeben und ebenfalls anschwitzen.

■ Den Apfel waschen und bis auf das Kerngehäuse raspeln, die Raspel sofort mit Obstessig vermischen, zum Rotkohl geben, Lorbeerblätter hinzufügen und mit Wein und Brühe aufgießen. Mit Salz und Pfeffer würzen und den Rotkohl weich garen, dabei hin und wieder umrühren. Zum Schluss nochmals mit Salz und Pfeffer abschmecken, die Lorbeerblätter entfernen und den Rotkohl warmhalten.

■ Für die Kartoffelklöße die Kartoffeln in der Schale weich kochen, pellen und noch heiß durch die Kartoffelpresse drücken. Erkalten lassen, dann die Kartoffelstärke, das Mehl und die Eier zugeben und alles zu einer glatten Masse verarbeiten. Mit Majoran, Salz und Muskat würzen.

■ Aus dem Kartoffelteig mit nassen Händen 20 Klöße formen und in siedendem Salzwasser ca. 20 Minuten ziehen lassen.

■ Wildschweinbraten in Scheiben schneiden und mit dem Rotkohl und je zwei Kartoffelklößen auf Tellern anrichten. Das Fleisch mit Sauce überziehen und servieren. Restliche Sauce getrennt in einer Saucière dazu reichen.

Frikadellen nach Art von Oma Mine

Für 6 Portionen

500 g gegartes Braten- oder Bauchfleisch (z. B. Reste vom Schweinebraten) | 2 Brötchen vom Vortag | 200 g Pellkartoffeln vom Vortag, fest kochend | 1 Zwiebel | 500 g Hackfleisch (gemischt) | 2 Eier | 2 Bund Petersilie, gehackt | 1 Bund Schnittlauch, fein geschnitten | Salz, Pfeffer | Muskatnuss, frisch gerieben | Öl zum Braten |

■ Das Fleisch grob schneiden, die Brötchen in Wasser einweichen und ausdrücken. Zusammen mit den gepellten Kartoffeln durch den Fleischwolf in eine Schüssel drehen.
■ Die Zwiebel schälen, klein würfeln und zum Fleisch geben. Nun das Hackfleisch, die Eier und die Kräuter hinzufügen, mit Salz, Pfeffer und Muskat würzen und die Masse gut vermischen.
■ Mit einem Löffel kleine Portionen abnehmen und mit feuchten Händen zu gleichmäßigen Frikadellen formen.
■ Das Öl in einer Pfanne erhitzen und die Frikadellen bei mittlerer Hitze von beiden Seiten goldbraun braten.

Familienrezepte für Freunde traditioneller Genüsse.

5

Die Fachwerkerinnen

**Katja und Hilde Mailahn
im Fachwerk im Eulengarten in Vendersheim**

Adresse
Fachwerk im Eulengarten
Privatrestaurant und Kochschule
Hauptstr. 36
55578 Vendersheim
Telefon: 06732/962151
E-Mail: info@fachwerk2.de
Website: www.fachwerk2.de

Öffnungszeiten
variabel, Privatrestaurant mit
Reservierung ab 8 Personen
Di 15.00–19.00 Uhr
telefonische Reservierungen

„Versuchungen sollte man nachgeben. Wer weiß, ob sie wiederkommen." Diesem Leitspruch Oscar Wildes werden Katja und Hilde Mailahn bestens und äußerst vielfältig gerecht, denn hier kann man sich gleich auf mehreren Ebenen in Versuchung führen lassen.

Durch einen gotischen Toreingang gelangt der Gast in einen idyllischen Hof. In der liebevoll renovierten rheinhessischen Hofreite mit knapp 3000 m² großem ländlichen Terrassengarten heißen ihn Mutter und Tochter herzlich willkommen.

Im Unterschied zum normalen Restaurant haben die Gäste hier die Wahl, sich mit ihrem Wunschmenü verwöhnen zu lassen oder unter fachkundiger Anleitung in der Kräutergartenküche selbst zu kochen.

Für dieses innovative Konzept und die „besonders gelungene Existenzgründung im ländlichen Raum" wurden die Familienunternehmerinnen 2011 auch besonders gewürdigt. Die Jury der Great Wine Capitals verlieh den Preis „Innovative Weintourismus-Erlebnisse" einstimmig an das *Fachwerk im Eulengarten.*

Auch das ZDF wurde auf die raffinierten Kreationen der beiden Köchinnen aufmerksam und besucht die Kochschule immer wieder mit einem Kamerateam für die „Drehscheibe Deutschland".

Die variantenreichen Kochkurse von Katja und Hilde Mailahn sind stets ausgebucht. Kein Wunder, denn hier kommt der Appetit bereits beim Lesen des Kursangebots: *Hot & Spicy – von den Scharfmachern in der Küche: Scharfer Thai-Salat mit Filetstreifen, Spicy Indian Chicken Curry* oder *Gebratene Ananas mit Himbeer-Kardamom-Sorbet.*

Man kann aber auch eine *License to grill* erwerben, an einer kulinarischen *Entdeckungsreise auf fünf Kontinente* teilnehmen, ein spezielles Angebot für schöpferische Herren ausprobieren:

In den Menüpausen kann man hier angesichts der Fülle alter Gebrauchsgegenstände und sonstiger Antiquitäten genüsslich in alten Erinnerungen schwelgen.

Der Tisch ist gedeckt für Workshops oder die Feierabendköche

Fleischeslust – Vatertagskost für Männer am Herd, oder am Ende eines Kurses wissen, weshalb Salat nicht grün sein muss.

Die für ihre phantasievollen Kochkurse und ihre rheinhessischen und internationalen Gerichte verwendeten Kräuter und Gewürze kommen direkt aus dem eigenen Garten. Generell legen die Mailahns großen Wert auf ebenso frische wie regionale Produkte und richten ihre Angebote natürlich nach den Jahreszeiten.

Trotz aller Liebe zur Heimat wollen sie aber dennoch über den Tellerrand hinausschauen. Nach der langen dunklen Jahreszeit inspirieren sie Kursteilnehmer mit ihrer „Sehnsuchtsküche“ und probieren beispielsweise asiatische, karibische oder auch afrikanische Rezepte aus. Und trotz aller Offenheit für Gerichte aus aller Welt nennt Katja Mailahn als Lieblingsrezept spontan: *Rheinhessische Tapas*, *Mousse au Handkäs* oder *Spargelflammkuchen*.

Ihre kulinarischen Workshops und legeren Küchenpartys werden für Privatpersonen, Gruppen und Firmen von 8 bis 24 Personen angeboten. Dazu gibt es hervorragende Weine aus der Region, auf Wunsch aber auch, zum jeweiligen Essen passend, ausgewählte Weine aus anderen Ländern.

Neu im Programm sind die *Feierabendköche*. Bereits bekannt sind die *WeinLesen*. Hierbei werden die Gäste bei Menü und Weinprobe mit literarischen Happen unterhalten. Alle Veranstaltungen dieses kreativen Teams werden sorgfältig auf der Homepage beschrieben. Sogar die Rezeptvideos der ZDF-Sendungen sind zum Nachkochen dort zu finden.

Egal, wofür sich die Gäste entscheiden, Platz nehmen können sie im alten Gewölbekeller, der bis zu 32 Personen fasst, oder im gemütlichen und liebevoll eingerichteten Esszimmer des ehemaligen Kelterhauses, das bis zu 28 Gästen Platz für ein Menü oder Büffet bietet.

Ausflugstipp

Als Freizeitangebot, ob vor oder nach einem Besuch im Restaurant *Fachwerk im Eulengarten*, besteht z. B. die Möglichkeit zum **Golfspiel auf einem der schönsten Plätze Deutschlands** im nahe gelegenen Golfclub Rheinhessen: Hofgut Wissberg, 55578 St. Johann. Telefon: 06701/20080, E-Mail info@gc-rheinhessen.de.

Rhabarber-Cocktail

Für 10 Gläser

2 kg junge, rote Rhabarberstangen | 150 g brauner Zucker | ¼ l Wasser | Schale einer Biozitrone

Passiersieb | feuchtes Mulltuch | Secco (Perlwein) oder Sekt | 10 Rhabarberblättchen/-enden oder dünne Rhabarberstangen

■ Den Rhabarber waschen und in kleine Stücke schneiden, er braucht nicht geputzt zu werden, da die gesamte Rhabarbermasse später durch ein Tuch passiert wird (die Farbstoffe, die dem Sirup die rötliche Färbung verleihen, sind hauptsächlich in der roten Schale enthalten).

■ Den Zucker in einem großen Topf langsam karamellisieren lassen. Mit Wasser vorsichtig ablöschen und aufkochen. Die Rhabarberstücke und die dünn abgeschnittene Zitronenschale zugeben. Bei milder Hitze und gelegentlichem Rühren 40 Minuten mit Deckel (sonst verdunstet die Flüssigkeit) kochen.

■ Ein Passiersieb mit einem feuchten Mulltuch auslegen, Rhabarberkompott hineingeben, den ablaufenden Sud auffangen und kalt stellen.

■ 1–2 EL Rhabarbersud in hohe Gläser füllen, mit Secco oder Sekt aufgießen und mit Rhabarberblättchen oder -stangen garnieren.

TIPP

■ Rhabarbersirup kann man gut auf Vorrat kochen und in Eiswürfelportionen einfrieren. Bei Bedarf zwei Sirupeiswürfel in ein hohes Glas geben und mit Sekt aufgießen.

Mousse au Handkäs mit Karamellnüssen und Radieschen-Salsa

Für 6 Portionen

Käsemousse mit Radieschen-Salsa

Käsemousse 3½ Blatt weiße Gelatine | 100 g Handkäse | 250 ml Schlagsahne

Karamellnüsse 2 EL Puderzucker | 30 g Walnusskerne | Öl für die Folie

Radieschen-Salsa 1 Bund Radieschen | 150 g Tomaten | 70 g rote Zwiebeln | 1 grüne Chilischote | 3 EL Limettensaft | 2 TL feiner Schalenabrieb von unbehandelter Bio-Limette | Salz, Pfeffer | 1 Prise Zucker | 3–4 Stängel Koriandergrün | 6 EL Olivenöl

■ Gelatine in kaltem Wasser einweichen. Käse mit 100 ml Sahne unter Rühren in einem Topf erwärmen, bis sich der Käse aufgelöst hat, jedoch nicht kochen lassen. Ausgedrückte Gelatine in der Mischung auflösen und abkühlen lassen.

■ Sobald die Käsecreme anfängt, fest zu werden, restliche Sahne steif schlagen und unterheben.

■ Käsemousse in eine flache Schale geben und im Kühlschrank für 2–3 Stunden (besser über Nacht) kalt stellen. Oder die Mousse bereits in acht kleine Schalen à 50 ml Inhalt, mit kaltem Wasser ausgespült, füllen und kalt stellen.

■ Für die Karamellnüsse Puderzucker in einer Pfanne goldgelb karamellisieren, dann vom Herd ziehen. Walnusshälften unterrühren, mit Karamell überziehen, mit einer Gabel einzeln herausheben und auf eine mit Öl bestrichene Alufolie legen.

■ Für die Salsa Radieschen waschen und putzen, dabei die Blätter von acht Radieschen (ca. 20 g) trocken tupfen und beiseite legen. Radieschen in ½ cm große Würfel schneiden. Tomaten häuten, entkernen und ebenso groß würfeln. Zwiebeln schälen, fein würfeln, in einem Sieb mit kochendem Wasser überbrühen, kalt abschrecken und gut abtropfen lassen. Chilischote entkernen und fein würfeln.

■ Alle Gemüsewürfel in einer Schüssel vermischen. Limettensaft und -abrieb untermischen, mit Salz, Pfeffer und Zucker kräftig würzen.

TIPPS

■ Sobald die Radieschen gewürzt sind, die Speise sofort servieren; sie ziehen sonst Wasser. Soll die Salsa nur vorbereitet werden, alle Zutaten bereithalten und erst später mischen.

■ Blanchierte Zwiebeln schmecken nicht so bitter und gären auch nicht so leicht.

Spargel-Flammkuchen

■ Radieschenblätter mit abgezupftem Koriandergrün und Olivenöl sehr fein pürieren und zur Radieschenmischung geben.
■ Radieschen-Salsa auf Tellern anrichten. Von der Käsemousse mit zwei Esslöffeln schöne Nocken formen und auf die Salsa setzen. Mit Karamellnüssen verzieren.

Spargel-Flammkuchen mit Walnuss

Für 8 Flammkuchen

Teig 30 g Hefe | 250 ml lauwarmes Wasser | 500 g Weizenmehl, Type 405 | 1 gute Prise Salz

Belag 24 Stangen grüner Spargel | 6 kleine, rote Zwiebeln | 200 g Walnusskerne | 200 g Frischkäse | 500 g Crème fraîche | weißer Pfeffer, Salz

Mehl für die Arbeitsfläche | Zucker zum Bestreuen | Meersalz und Pfeffer aus der Mühle | Walnussöl

■ Für den Teig die Hefe in das lauwarme Wasser bröseln und glattrühren. Mit Mehl und Salz zu einem weichen Teig verkneten. Den Teig zugedeckt 30 Minuten ruhen und gehen lassen.

Walnüsse bereichern die Küche

■ Den Spargel im unteren Drittel schälen, dabei die unteren, holzigen Enden abschneiden. Die Stangen schräg in dünne Scheiben oder kurze Stücke schneiden. Die Zwiebeln schälen, in sehr feine Streifen oder Ringe schneiden. Die Walnüsse klein hacken, zwei Drittel davon mit dem Frischkäse und der Crème fraîche verrühren, mit weißem Pfeffer und Salz abschmecken; restliche Walnüsse zum Bestreuen beiseite legen.
■ Den Backofen auf 280 °C (Ober- und Unterhitze) vorheizen.
■ Den Teig in 8 Portionen teilen, jede Portion auf einer mit Mehl bestäubten Arbeitsfläche sehr dünn ausrollen. Die Teigfladen auf ein mit Backpapier ausgelegtes Blech legen und gleichmäßig mit der Frischkäse-Nussmasse bestreichen. Die Spargelscheiben und Zwiebeln darauf verteilen und alles mit ein wenig Zucker bestreuen. Zum Schluss die restlichen gehackten Walnüsse über die Fladen streuen.
■ Die Flammkuchen 12–15 Minuten im vorgeheizten Backofen backen. Fertige mit Meersalz und Pfeffer würzen, mit etwas Walnussöl beträufeln und sofort servieren.

TIPP
■ Der Flammkuchen schmeckt auch mit jungen, dünn gehobelten Zucchinischeiben und Parmesanspänen belegt sehr gut.

Süße Grappa-Kreppel mit Sabayon von der Scheurebe

Für 20–25 Stück

Kreppel 100 g Rosinen | 80 ml Winzertrester oder Grappa | 500 g Weizenmehl, Type 405 | 250 ml Milch | 200 g Zucker | 1 Würfel frische Hefe (42 g) | 2 mittelgroße Eier (Handelsklasse M) | 75 g weiche Butter | 1 Prise Salz | Öl zum Frittieren

1 EL gemahlener Zimt

Sabayon 1/8 l Scheurebe (Weißwein) | 2 Eigelbe | 30 g Puderzucker

■ Die Rosinen über Nacht zugedeckt in Trester oder Grappa einlegen (siehe auch Tipp).

■ Das Mehl in eine große Schüssel sieben und in die Mitte eine Mulde drücken.

■ 125 ml Milch lauwarm erwärmen, dann 30 g Zucker und die Hefe darin auflösen. Lauwarme Hefemilch in die Mulde gießen und mit etwas Mehl bestäuben. Zugedeckt an einem warmen Ort 15 Minuten gehen lassen.

■ Restliche Milch mit 70 g Zucker lauwarm erwärmen. Eier zugeben, gut verrühren und mit Butter und Salz zum Vorteig geben. Mit den Knethaken des Handrührers zu einem glatten Teig kneten und zugedeckt 3–4 Stunden ruhen lassen.

■ Die Rosinen mit dem Alkohol unter den Teig kneten.

■ Das Öl auf 160 °C erhitzen. Zwei Esslöffel ins heiße Öl tauchen, Nocken aus dem Teig abstechen und im Frittieröl unter gelegentlichem Wenden goldbraun ausbacken.

■ Restlichen Zucker mit Zimt vermischen und die heißen Krapfen darin wenden.

■ Für die Sabayon Eigelbe mit Wein und durchgesiebtem Puderzucker in einer Schüssel über heißem Wasserdampf zu einem festen Schaum aufschlagen.

■ Sabayon in Gläser füllen oder direkt auf Desserttellern neben den noch heißen Kreppeln anrichten und servieren.

TIPP

■ Wenn es einmal schnell gehen muss, die Rosinen kurz im Trester aufkochen.

Grappa-Kreppel mit schaumigem Sabayon

6

Die Traditions-bewusste

Inge Beiser
im Weingut Beiser in Vendersheim

Adresse
Weingut Beiser & Ottos Vinothek
Außerhalb 1
55578 Vendersheim
Telefon: 06732/8732
Fax: 06732/5061
E-Mail:
weingutbeiser@t-online.de
Website: www.weingut-beiser.de

Öffnungszeiten
Fr und Sa ab 18.00 Uhr von 25.2.–28.5. und Mitte August bis Mitte November
Ottos Vinothek: ganzjährig jeden Montag ab 18.00 Uhr

Zum Glück hat Inge Beiser schon immer gerne gekocht, denn nach dem frühen Tod ihrer Eltern blieb ihr nichts anderes übrig, als zu kochen, da sie von jetzt auf gleich ihre drei jüngeren Brüder versorgen musste. Inzwischen hat sie ein wesentlich größeres Genießerpublikum.

Gelegentlich blättert sie heute noch in den Notizen und Kochbüchern ihrer Mutter und sammelt Rezepte, die sie danach auswählt, was sie beim Lesen „schmeckt". Mengenangaben im klassischen Sinn sind ihr fremd. Sie benutzt die „Schütte", wie es die Vorfahren taten. Als einzige Tochter im landwirtschaftlichen Betrieb verwendete sie natürlich die Zutaten vom Feld und aus dem Garten. Auf diese Weise wurde früher ganz selbstverständlich nur frisch und saisonal gekocht, und für den Obstkuchen oder ein Dessert wurden lediglich Früchte verarbeitet, welche die Jahreszeit hergab. Daher stehen auch jetzt nur frische, saisonale Gerichte auf der Speisekarte der familiär geführten Gutsschänke, und zu ihren rheinhessischen Spezialitäten gibt es ein großes Angebot an mehrfach prämierten gutseigenen „Hausschoppen".

Die Idee, im Weingut zunächst eine Straußwirtschaft zu eröffnen, kam von Inge Beisers Mann Otto. Nachdem sie jahrelang eine große Verwandtschaft zu den üblichen Feiertagen mit viel Liebe und entsprechender Anerkennung verköstigte, schlug er vor, auch fremde Gäste an ihrer Kochkunst teilhaben zu lassen. Anfänglich gab es Platz für 40 Personen, denen sie Hausmannskost und Schinkentaschen servierte. Irgendwann standen Steaks auf der Karte und die Kundschaft nahm zu. Mittlerweile können 120 Besucher in der wunderbar gestalteten Gutsschänke Platz nehmen. So nach

Aus der Straußwirtschaft wurde eine wunderbar gestaltete Gutsschänke.

und nach sei sie in ihre Berufung hinein gewachsen und traue sich, zunehmend neue Gerichte auszuprobieren, sagt die talentierte Küchenchefin. Sehr beliebt ist ihr *Rustikaler Salat mit Honig-Senf-Dressing* und seit Neuestem findet das gebratene *Lachsfilet auf Kartoffelplätzchen mit einer Estragonsauce* auch bei den vielen Stammgästen Anklang. Wie so oft ist es auch bei Beisers nicht immer einfach, neue Gerichte an den Mann zu bringen. Viele kommen ja wegen ihrer gleichbleibend guten Küche und wollen keine Experimente. Bevor ein neues Gericht auf die Karte kommt, probiert es die ganze Familie. Und bislang hat alles so gut geschmeckt, dass es auch den Gästen angeboten wird.

Neue Gäste aus ganz Deutschland kommen in erster Linie wegen der mehrfach ausgezeichneten Weine, die Vater Otto und Sohn Simon mit viel Enthusiasmus an- und ausbauen und vermarkten. Seit Jahren werden ihre Tropfen in zahlreichen renommierten Fachpublikationen als besonders empfehlenswert ausgewiesen. Die Weinkenner essen dann gerne in der Gutsschänke und können bei Bedarf in Beisers nahe gelegenem Dorfhäuschen, einer liebevoll renovierten alten Futterkammer in Vendersheim, übernachten.

Was immer die Familienmitglieder anfangen, es geschieht getreu ihrer Überzeugung: „Es zählt nicht das, was man in seinem Leben tut, sondern mit welchem Idealismus und mit welcher Leidenschaft man es tut“.

Genießerinnen unter sich: Mutter und Tochter

Ein weiteres Familienmotto wurde ebenfalls überzeugend in die Tat umgesetzt: „Man sollte das Wochenende nicht so abrupt beenden!“. Daher gibt es seit 2002 zusätzlich jeden Montag ab 18.00 Uhr die Möglichkeit für ein so genanntes Wochenend-Chill-Out. In „Ottos Vinothek“, einem gemütlichen Raum innerhalb der Gutsschänke, können die Gäste immer frische Kleinigkeiten zu Weinen aus dem „Haus der besten Schoppen“ essen. Diesmal unter der Regie von Tochter Christiane, deren künstlerische und gestalterische

Die Gartenterrasse bietet Platz für zahlreiche Besucher zu hauseigenen Veranstaltungen.

Ambitionen in der harmonischen Verbindung aus Altem und Neuem überall zur Geltung kommt. Alte Holztische vor weißen Wänden, ein Bullerofen, der mit Holz geheizt wird und an kalten Tagen wohlige Wärme spendet, moderne Kunst neben Gerätschaften aus längst vergangenen Tagen schaffen eine anheimelnde Atmosphäre, in die man immer wieder gerne zurückkehrt.

Damit ist es im Hause Beiser aber längst nicht getan. Im Sommer kommen zahlreiche Besucher zu den Open Air Konzerten, die im Hof und auf der großen Gartenterrasse zwischen riesigen alten Eichen stattfinden. Und wer hier privat feiern will, ist ebenfalls willkommen und wird bestens beraten und bewirtet.

Ausflugstipp

Wer nicht Golf spielt (siehe Ausflugstipp „Fachwerk im Eulengarten"), der kann den **Wissberg auf dem Kreuzweg erwandern.** Von Gau-Bickelheim gelangt man, vorbei an 14 Kreuzwegstationen, zu einer kleinen Kreuzkapelle und der mit 270 Metern höchsten Erhebung Rheinhessens. Bei gutem Wetter hat man von dort oben einen atemberaubenden Blick bis zum Donnersberg, kann entweder auf einem gut ausgebauten Panoramaweg weiter gehen oder auf der Terrasse des Golfclubs Platz nehmen. Das Restaurant ist auch für Nicht-Golfer geöffnet.

Gemischter Salat mit knusprig gebratenen „Kartoffelchips“

Rustikaler Salat

Honig-Senf-Dressing 2 gestr. EL Senf | 4 EL Honig | 2 EL Weinessig | 2 EL Rapsöl | Salz, Pfeffer

Salat 400 g gemischter Blattsalat | 4 mittelgroße Pellkartoffeln, geschält (fest kochend, in der Saison z. B. Annabelle) | 16 dünne Scheiben Frühstücksspeck

Garnitur rote Zwiebelringe | frische Kräuter nach Saison | Borretschblüten oder andere essbare Blüten nach Saison

■ Alle Zutaten für das Dressing gut vermischen, wenn notwendig mit 1–2 EL Wasser glatt rühren, mit Salz und Pfeffer abschmecken.
■ Den Blattsalat putzen, waschen und trocken schleudern.
■ Pellkartoffeln in dünne Scheiben schneiden und in einer Pfanne (oder Fritteuse) in Rapsöl beidseitig knusprig braten. Die „Kartoffelchips“ mit Salz und Pfeffer würzen.
■ Den Frühstücksspeck in einer Pfanne ohne Fett von beiden Seiten knusprig braten.
■ Blattsalat mit dem Honig-Senf-Dressing vermischen und mit Kartoffelchips und Frühstücksspeck auf vier Teller verteilen. Salat mit roten Zwiebelringen, frisch gezupften Kräuterblättchen und essbaren Blüten garnieren. Dazu schmeckt kräftiges, dunkles Brot.

TIPP

■ 4 hart gekochte Eier schälen, in Spalten schneiden und den Salat damit ergänzen.

Creme vom Dornfelder auf gedünsteten Birnen

Für 6 Portionen

Birnen 3 Williams Christ Birnen | 2 EL Zucker | 200 ml Weißwein

Creme 400 ml Dornfelder Rotwein | 100 g Zucker | 150 ml Birnensud | 40 g Speisestärke | 2 Eigelbe | 2 Eiweiß

Garnitur Schlagsahne | rote Weintrauben

■ Die Birnen schälen, entkernen und in Spalten schneiden oder würfeln. Zucker mit Wein zum Kochen bringen, die Birnenstücke einlegen und weich köcheln, im Sud erkalten lassen. Den Sud für die Creme aufheben.

■ Für die Creme Rotwein mit Zucker und 50 ml Birnensud zum Kochen bringen. In einer Schüssel Speisestärke mit dem restlichen Birnensud vermischen, Eigelbe unterrühren und dann langsam die heiße Wein-Sud-Mischung einrühren. Alles zurück in den Topf geben und unter ständigem Rühren zum Kochen bringen. Wenn die Creme gebunden hat, den Topf in Eiswasser stellen und die Creme rühren, bis sie abgekühlt ist. Eiweiß steif schlagen und unter die Creme heben.

■ Birnen in Spalten schneiden und auf sechs Gläser verteilen. Mit der schaumigen Rotweincreme auffüllen. Kalt stellen, zum Servieren nach Belieben mit etwas Schlagsahne und frischen roten Weintrauben oder Früchten der Saison garnieren.

7

Die deutsch-französische Liaison

Patricia Griesel
im Chez Patty's in Wallertheim

Adresse
Restaurant Chez Patty's
Neustraße 2
55578 Wallertheim
Telefon: 06732/9659603
E-Mail: info@chez-pattys.de
Website: www.chez-pattys.de

Öffnungszeiten
Di–Sa ab 18. 00 Uhr
So und feiertags 11.30–14.00
und ab 17.00 Uhr
Mo Ruhetag

Die Liebe zur französischen Lebensart ermunterte Patricia Griesel, die traditionelle deutsche und die französische Küche zu vereinen. Mit dieser Melange verwöhnt sie in ihrem Restaurant die Gäste.

„Das wirklich Rührende an der Liebe ist – der Kochlöffel". Dieses Zitat stammt aus der Feder des Kölner Mediziners und Aphoristikers Gerhard Uhlenbruck. Und genau das trifft auf Patricia Griesel zu. Gekocht hat sie schon immer, seit jeher war in ihrer Familie der Kochlöffel ein wichtiges Requisit am heimischen Herd. Neben der Mutter und der Großmutter kochten auch die männlichen Vertreter, Vater und Großvater, mit Passion. Aus so einer familiären Prägung konnte für die nächste Generation nur Profession werden.

Die ersten 25 Jahre köchelte und garte Patricia Griesel in verschiedenen Restaurants und Gasthäusern – immer den Wunsch nach dem eigenen Restaurant im Hinterkopf. Im September 2008 war es dann soweit: Zusammen mit einem Partner eröffnete sie ihr erstes eigenes Restaurant im rheinhessischen Wallertheim, das durch seinen Weinanbau bekannt ist.

Der Speisesaal – ganz in Weiß

Ein Freund setzte die gestalterischen Vorstellungen im Restaurant handwerklich um. Aus einer Eckkneipe entstand eine Gastronomie der gehobenen Klasse. Vom Eingangsbereich gehen zwei Gasträume aus. Der größere Raum dient als Hauptraum des Restaurants. Mit Phantasie gedeckte Holztische und rot bezogene Stühle laden den Gast auf eine kulinarische Reise ein. Im zweiten Gastraum sind die Raucher unter sich. Sie müssen nicht nach draußen gehen, sondern dürfen hier essen und auch schmauchen.

Im ersten Stock lädt – ganz in Weiß gehalten – ein Speisesaal ein. Hier werden hauptsächlich stilvolle Familienfeste gefeiert. Mehrere Dinge fallen gleich ins Auge: Ein monumentales Wandgemälde, das französisches Flair vermittelt, gemalt von einer Freundin und der Wirtin. Ein überdimensional großes Fenster mit bunt eingearbeiteten Glasornamenten ist das einzig übriggebliebene Relikt der ehemaligen Eckkneipe und wurde von einem Kunstglasermeister geschaffen.

Patricia Griesel informiert sich fortwährend auf verschiedenen Wegen über neueste Kochkreationen, um ihren Gästen den *dernier cri* zu bieten. „Ein neues Gericht zu verwirklichen, kostet oft meinen Schlaf, doch schließlich kommt mir die zündende Idee.“ Dann aber entwickelt sie wild drauflos, um das spannende Resultat zu präsentieren. Einige ihrer Schöpfungen sind: *Bison auf Trüffel* oder *Lachs mit Zitronensauce und schwarzem Sesam*. Weitere Früchte schlafloser Nächte sind zum Beispiel *Zander mit Fenchelgemüse* und *Dorade in Rotwein gedünstet*.

Der Hofgarten mit stilvollen Holzmöbeln

Auf der regulären Speisekarte, selbstverständlich in deutscher und französischer Sprache, sind neben abwechslungsreichen Fisch- und Fleischgerichten auch verschiedene Suppen und Vorspeisen zu finden wie *Möhren- und Ingwersüppchen* oder *gratinierter Ziegenkäse mit Birnen-Apfelrelish*. Bei den Desserts stechen verschiedene Crêpes hervor. Alle zwei Wochen erscheint eine Zusatzkarte.

Gerne bietet die Köchin ihre raffinieren Menüs auf Bestellung an. Ihr Lieblingsrezept ist der *Lammbraten auf Heu* und als Dessert liebt sie ein *Verveine-Sorbet*.

Auch die Weinkarte ist lesenswert: Weißweine kommen hauptsächlich von einem ortsansässigen Winzer, was in dieser anerkannten Weingegend naheliegend ist. Die Heimat der Rosé- und Rotweine ist ausschließlich Frankreich. Ein besonderer Event sind die Weinproben mit französischen Weinen und darauf sorgfältig abgestimmten Gerichten.

Wer so gut kocht, hat oft viele Gäste. Bei erhöhter Gästezahl kann sich Patricia Griesel auf ihre Familie hundertprozentig verlassen. Ihre Schwester und ihre Mutter helfen zuverlässig mit und der Servicebereich wird von ihrer Tochter Scarlett gemanagt. Doch die Küche ist alleine ihr Revier – hier macht sie alles selbst. Typisch ist auch ihre Aussage: „Kochen liegt bei mir im Blut – wahrscheinlich sind es die Gene – denn ich habe es nicht professionell gelernt.“

Dunkelrot ist die Lieblingsfarbe der Rotweinliebhaberin.

Im Sommer sitzen die Gäste im neu gestalteten und schmucken Hofgarten. Auffallend sind die stilvollen Holzmöbel, und auch hier haben die malenden Freundinnen ihre Hand unübersehbar im Spiel gehabt.

An das Gehöft schließt sich ein stillgelegtes Kino an. Irgendwann möchte es die umtriebige Gastronomin renovieren und einen Gesellschaftsraum schaffen. Sobald etwas Geld übrig ist, will sie ihren Plan in die Tat umsetzen. Und Ideen für die Zukunft hat sie noch viele…

Ausflugstipps

Interessante archäologische Kostbarkeiten findet man in Wallertheim, dem kleinen rheinhessischen Ort, der im größten Weinbau treibenden Landkreis Deutschlands liegt.

Das wohl bekannteste Relikt vergangener Zeiten ist das Wallertheimer Hündchen, ein ca. 2 cm langes Tier aus blauem Glas, einst keltische Grabbeigabe eines Kindes, zu besichtigen im nahe gelegenen **Mainzer Landesmuseum** (www.landesmuseum-mainz.de).

Wer sich mehr für kulinarische Genüsse interessiert, findet im Umkreis zahlreiche **Straußwirtschaften und bekannte Weingüter,** deren Erzeugnisse vor Ort zu probieren sich immer lohnt.

Lammkeule im Heubettchen

Marinade 2 Knoblauchzehen | 1 TL Salz | 1 EL Rosmarinnadeln | 1 EL Thymianblättchen | Schalenabrieb von 1 unbehandelten Bio-Zitrone | 4 EL Öl | 4 EL Cognac

1 kg Lammkeule | Salz, Pfeffer aus der Mühle | 3 EL Olivenöl zum Anbraten | 1 Beutel Wiesenheu (z. B. vom Bio-Bauern)

■ Für die Marinade Knoblauchzehen schälen, fein schneiden und zusammen mit Salz mit einem breiten Messerblatt zerdrücken. Mit Rosmarin, Thymian, Zitronenschalenabrieb und Öl zu einer Marinade verrühren, zum Schluss den Cognac unterziehen.
■ Lammkeule mit Salz und Pfeffer aus der Mühle würzen und mit der vorbereiteten Marinade gleichmäßig bestreichen.
■ Olivenöl in einer großen Pfanne erhitzen und die Keule von allen Seiten ca. 25 Minuten scharf anbraten.
■ Den Backofen auf 180 °C vorheizen. Währenddessen einen Bräter mit Heu auslegen. Die angebratene Lammkeule darauflegen und mit einer weiteren Lage Heu gut bedecken. Bräter mit einem geeigneten Deckel verschließen (das trockene Heu könnte sonst brennen) und im vorgeheizten Backofen weitere 20 Minuten fertig garen.
■ Bräter aus dem Ofen nehmen und das Fleisch vor dem Aufschneiden 10 Minuten ruhen lassen.
■ Zur Lammkeule passen am besten Rosmarinkartoffeln aus dem Ofen.

TIPP
■ Als Weinempfehlung empfiehlt Patricia Griesel einen 2005er Château la Tour de By aus dem Bordeaux oder einen Andlau Riesling 2008 Alsace.

Verveine-Sorbet

2 unbehandelte Bio-Zitronen | 250 ml Weißwein | 200 g Zucker | 2 Handvoll Zitronenverbene | 1 Blatt weiße Gelatine | 20 ml Limoncello

Garnitur einige Zweige Zitronenverbene

■ Einige Streifen Zitronenschale dünn abschneiden. Die Zitronen halbieren und auspressen.

■ Zitronensaft und -schalenstreifen mit Wein und Zucker in einem Topf aufkochen. Den Sud lauwarm abkühlen lassen, durch ein Sieb abgießen und die fein geschnittenen Blätter der Zitronenverbene unter den Sud rühren.

■ An einem sonnigen Platz einen Tag ziehen lassen, danach die Flüssigkeit erneut durch ein feines Sieb abgießen.

■ Ein Drittel des Suds leicht erwärmen und die kalt eingeweichte, ausgedrückte Gelatine darin auflösen. Restlichen Sud mit Limoncello unterrühren und die Mischung in eine Schale füllen.

■ Die Schale in den Gefrierschrank geben und dann in Abständen von ca. 15 Minuten die Masse mit einem Schneebesen kräftig durchschlagen, so dass sich keine groben Eiskristalle bilden können. Nach etwa 4 Stunden ist so ein feines Sorbet entstanden.

■ Nocken abstechen und in Gläsern mit kleinen Zweigen frischer Zitronenverbene dekorieren.

8

Die Hexe, die lieber auf dem Motorrad reitet

Christine Moebus
im Weingut Moebus in Siefersheim

Adresse
Weingut & Straußwirtschaft
Michael Moebus
Wonsheimer Straße 13
55599 Siefersheim
Telefon: 06703/665
E-Mail:
mail@weingut-moebus.de
Website:
www.weingut-moebus.de

Öffnungszeiten
Sa ab 18.00 Uhr
So und feiertags ab 16.00 Uhr
(nur vom 1. Märzwochenende
bis zum 1. Juniwochenende,
ganzjährig nach Vereinbarung
für Feste)

Mitten in Siefersheimt lebt eine ausgebildete Siefersheimer „Kräuterhexe“. Als moderne Hexe fährt sie natürlich lieber mit dem Motorrad durch die Gegend, als auf dem antiquierten Besen. Aber keine Bange, man findet sofort einen persönlichen Zugang zu dieser außergewöhnlichen Frau, die mit der Natur im Einklang lebt und ihr Wissen um Heil- und Nutzkräuter gerne vermittelt.

Tafeln unterm Kreuzgewölbe

Siefersheim, ein anheimelndes Winzerdorf in der lieblichen Landschaft der rheinhessischen Schweiz, ist als einzigartiges Kräuterparadies bekannt. In den ausgewiesenen Naturschutzgebieten findet man im Frühjahr auch die unter Naturschutz stehende Küchenschelle (lat. Pulsatilla), die in der Homöopathie als Heilmittel bei Frauenbeschwerden eingesetzt wird.

Christine Moebus, eine gelernte Winzermeisterin, ist eine leidenschaftliche Köchin und hat damit ihre Liebe zu den Kräutern zur Berufung gemacht. Mit den beiden anderen Kräuterhexen veröffentlichte sie bereits das vierte Kochbuch: „Kräuterküche – Zauberhafte Rezepte der Siefersheimer Kräuterhexen“. Leichthändig, wie sie ihre Rezepte veröffentlicht, managt sie ihr kleines Privatunternehmen, das der Verköstigung von Freunden ihrer Kräuterküche gewidmet ist.

Im großen Innenhof des Weingutes blicken vom Dachfirst eine Hexe und ein rabenähnliches Fabelwesen auf die Gäste. Beide sind Geschenke des Ehemannes. Vorbei an diesem hübsch dekorierten Ort gelangt man in die Weinstube mit historischem Kreuzgewölbe. Ein alter gusseiserner Ofen spendet wohlige Wärme zu kalter Jahreszeit. Das Wappen der Familie Moebus ziert ein Löwe, und dieses königliche Tier zieht sich wie ein roter Faden durch das gesamte Konzept. Auf dem Boden der Weinstube, der mit warmen Farben gekachelt ist, ist er in der Mitte zu finden.

Hier fließt der Wein und hier wird Wildkräuterküche in vielfältiger Form angeboten. *Dinkelschrotküchlein, Kräuterspundekäse* und *Kräutersteaks* mit verschiedenen Beilagen und vieles mehr erfreuen den Gaumen. Nicht zu vergessen, die *Hexentapas* oder die *Rucola-Spinat-Schnecken*. Bei den Salaten dient der Löwenzahnhonig als Basis für das Dressing.

Zwei Weinlinien bietet das Ehepaar an, bei der edlen Linie ziert ein goldener Löwenkopf das Etikett, die Hauslinie schmückt eine Säule, die dem Kreuzgewölbe nachempfunden ist.

Aus dem vermeintlichen „Unkraut", der Vogelmiere, zaubert die Siefersheimer Kräuterhexe ganz besondere Spätzle.

Im Sommer ist der begrünte Innenhof eine Pracht. Weinrote Schirme runden diese Idylle ab. Hier wird bei schönem Wetter serviert. Eine Besonderheit an diesem verwunschenen Ort mit Ausblick auf umliegende Weinberge: In einem Pavillon im Garten werden kirchliche Trauungen von ordinierten Theologen vollzogen.

Bei privaten Festen, z. B. Hochzeiten, wird das gesamte Weingut einbezogen: der lauschige Innenhof, das Kreuzgewölbe, die rustikale Scheune und der idyllische Garten. Das Ehepaar verwandelt auf Wunsch das Anwesen in ein Traumschloss. Doch nicht nur Hochzeiten werden hier gefeiert, auch Geburtstage oder andere Veranstaltungen werden zu einem unvergesslichen Erlebnis. Bis zu 120 Personen können an den geschmackvoll eingedeckten Tischen bewirtet werden.

In der Regel möchten die Gäste die Spezialitäten des Hauses genießen: Eine *Kräutersuppe* eröffnet das Menü. Der *Safranrahmlende mit Trüffeln und Kräutern* oder dem *Rosmarin-Thymian-Rinderbraten mit Rosmarinkartoffeln* folgt ein *Obstsalat* mit verschiedenen Ingredienzen. Besonders beliebt ist auch die provenzalische *Kräuterlammkeule* mit *Vogelmierenspätzle*. Die Vogelmiere ist ein besonders wohlschmeckendes Kraut, das die Spätzle in ein sattes Grün färbt.

Wer nach diesem wunderbaren Essen ein paar Schritte gehen möchte, sollte den parkähnlichen Garten der Kräuterhexe besuchen. Unmittelbar neben dem Hochzeitspavillon entdeckt man eine Vielzahl von seltenen Kräutern.

Die Wirtin bietet auch Kräuterwanderungen an, die zwei bis vier Stunden dauern können (siehe Ausflugstipp).

Im Sommer ist der begrünte Innenhof eine Pracht

Ausflugstipps

Die Rheinhessische Schweiz bietet zahlreiche landschaftliche Besonderheiten. Die Heideflächen bei Siefersheim gelten als „Kleinod Europas“ und werden unter dem Begriff „Natura 2000“ von der EU unterstützt. Um die Heide zu erhalten, wird hier im wahrsten Sinne des Wortes „der Bock zum Gärtner gemacht“, denn Schafe und Ziegen grasen frei, und ernähren sich von Pflanzen, die das Heidekraut sonst überwuchern würden.

2005 wurde die prämierte **Siefersheimer Bänkelches-Route** eröffnet. Wer hier spazieren geht oder an einer geführten Kräuter- und Kulturwanderung teilnimmt, erfährt die Bedeutung des Satzes „Der Weg ist das Ziel“. Der 8 km lange Rundwanderweg (mit 16 Bänken) auf naturbelassenen Wegen führt vorbei an Wiesen, Wäldern und Weinbergen. Entlang der Strecke gibt es grandiose Ausblicke, u. a. auf die romantische Kirche eines untergegangenen Ortes, eine geheimnisvolle Burgruine, die beeindruckende Landschaft der Trockenrasen und Heiden, einen keltischen Ringwall, sowie das imposante Stück der 35 Mio. Jahre alten *Siefersheimer Brandungsküste*.

Wer an einer **geführten Wanderung** teilnehmen möchte, kann sich äußerst fachkundig von den Siefersheimer Kräuterhexen und zertifizierten Wein- und Kulturbotschafterinnen begleiten lassen. Während der zwei- bis fünfstündigen Tour erfährt man Wissenswertes über die kulturellen Besonderheiten und die zahlreichen Wildkräuter der Umgebung. Auf Anfrage kann man ein Picknick, eine Weinprobe oder ein Abendessen in einem Weingewölbe buchen (nähere Informationen unter Telefon: 06703/665 oder 1092 oder unter 0671/4835510 sowie auf www.kraeuter-hexen.de).

Rucola-Spinat-Schnecken

Nudelteig 250 g Weizenmehl (Type 405), durchgesiebt | 3 Eier | Salz | Muskatnuss, frisch gerieben | Mehl für die Arbeitsfläche

Füllung 150 g Rucola | 150 g Spinat | 1 kleine Zwiebel | 1 Knoblauchzehe | 1 EL Butter | Salz, Pfeffer | Muskatnuss, frisch gerieben

Sauce 250 ml Gemüsebrühe | 250 ml Milch | 250 ml Sahne | Salz, Pfeffer | Muskatnuss, frisch gerieben | 100 g geriebener Emmentaler

■ Für den Nudelteig Mehl mit den Eiern in einer Schüssel verkneten, bei Bedarf etwas Wasser hinzufügen. Den Teig mit Salz und Muskatnuss würzen, zu einer Kugel formen, mit einem sauberen Küchentuch bedecken und ca. 30 Minuten ruhen lassen.

■ Für die Füllung Rucola- und Spinatblätter putzen, waschen und abtropfen lassen. Zwiebel und Knoblauch schälen und fein hacken.

■ In einem Topf die Butter erhitzen, Zwiebel und Knoblauch darin anschwitzen. Rucola und Spinat zugeben und so lange dünsten, bis die Blätter zusammengefallen sind. Mit Salz, Pfeffer und Muskat abschmecken. Abkühlen lassen.

■ Für die Sauce Gemüsebrühe mit Milch und Sahne in einem Topf zum Kochen bringen, mit Salz, Pfeffer und Muskat abschmecken.

■ Den Backofen auf 180 °C (Ober- und Unterhitze) vorheizen.

■ Den Nudelteig auf einer mit Mehl bestäubten Arbeitsfläche sehr dünn zu einem Rechteck ausrollen. Rucola-Spinat-Masse gleichmäßig auf dem Teig verteilen. Dann von der Längsseite her eng aufrollen und mit einem scharfen Messer 1½–2 cm dicke Scheiben abschneiden.

■ Die Scheiben nebeneinander in eine Auflaufform legen und mit der Sauce übergießen. Mit dem geriebenen Käse bestreuen und die Rucola-Spinat-Schnecken im vorgeheizten Backofen für ca. 30 Minuten überbacken.

HEXENTIPP

■ Im gut sortierten Supermarkt können Sie auch fertigen Nudelteig kaufen.

Lammkeule mit Kräuterkruste

Für 4 Portionen

600 g kleine Kartoffeln, fest kochend (in der Saison z.B. Marabel) | 10 EL Olivenöl | 2 Dosen geschälte Tomaten (à 425 g) | Salz, Pfeffer | 1 Bund Thymian | 1 Bund Rosmarin | 4 Knoblauchzehen | 4 EL Paniermehl | 1 kg Lammkeule (ohne Knochen) | 1 Zitrone

■ Backofen auf 180 °C Ober- und Unterhitze vorheizen. Die Kartoffeln schälen, waschen und in dünne Scheiben schneiden. Einen Bräter mit zwei Esslöffeln Olivenöl einfetten. Die Kartoffeln und die Tomaten gleichmäßig darin verteilen, mit nochmal zwei Esslöffeln Olivenöl beträufeln und mit Salz sowie Pfeffer würzen.
■ Für die Kräuterpaste Thymian und Rosmarin waschen, trocken schütteln, die Blätter bzw. Nadeln abzupfen und sehr fein hacken. Die Knoblauchzehen schälen und ebenfalls sehr fein hacken. Die Kräuter mit Knoblauch, Paniermehl und vier Esslöffeln Olivenöl vermengen.
■ Die Lammkeule waschen und trocken tupfen. Die Zitrone auspressen und das Fleisch mit dem Saft einreiben. Dann die Keule salzen und pfeffern und rundum mit der vorbereiteten Kräuterpaste bestreichen. Die Lammkeule auf die Kartoffeln in den Bräter legen und im vorgeheizten Backofen ca. 1½ Stunden schmoren. Etwa eine Viertelstunde vor Ende der Garzeit die Keule mit dem restlichen Olivenöl beträufeln oder bepinseln, die Temperatur auf 225 °C Ober- und Unterhitze erhöhen und das Fleisch gratinieren, bis die Kruste goldbraun ist.

HEXENTIPP

■ Die Lammkeule am besten bereits vom Metzger auslösen und parieren lassen.

9

Kinder und Tiere willkommen!

Heike-B. Köngeter
in der Weinstube Zur Sandmühle in Wahlheim

Adresse
Weinstube Zur Sandmühle
im Weingut Korfmann
Sandmühle
55234 Wahlheim
Telefon: 06731/941765
Fax: 06731/941766
E-Mail: info@sandmuehle.de
Website: www.sandmuehle.de

Öffnungszeiten
Freitag bis Montag 18.00 bis 22:00 Uhr
Sonn- und Feiertags 12.00 bis 21:00 Uhr
sowie nach Vereinbarung.
Durchgehend warme Küche.

Kunst und Kulinarisches in gemütlicher Atmosphäre. Vor allem aber dürfen hier Kinder spielen oder eine Speisekarte ausmalen, während die Erwachsenen gutseigene Weine zu den stets frischen Spezialitäten aus der Region probieren.

Der Traum vom eigenen Herd – nach etlichen Wanderjahren gelang es der ausgebildeten Restaurantfachfrau Heike-B. Köngeter endlich, ihn in der ehemaligen Wahlheimer Sandmühle in die Tat umzusetzen. Seit 2002 kommen bis zu 50 Gäste im stilvoll renovierten Kreuzgewölbe aus dem Jahr 1840 in den Genuss ihrer Kochkünste. Mit viel Liebe wurde der ehemalige Stall im Weingut ihres Ehepartners Achim Korfmann großzügig umgebaut und gehört ganz sicher zu den besonders beliebten Weinstuben der Umgebung, nicht zuletzt weil sowohl Tiere als auch Kinder ebenfalls herzlich willkommen sind. Auf Wunsch gibt es alle Speisen auch in halben Portionen und das nicht nur für die kleinen Gäste.

In ihrem Elternhaus war die Küche die unantastbare Domäne ihrer „göttlich kochenden und traumhaft backenden Mutter", aus deren Schatten sie sich zunächst nicht herauszutreten traute. Auch die Sterne-Köche der verschiedenen Hotels und Restaurants, in denen sie arbeitete, ließen sie kaum an ihrem Können teilhaben. Dabei hätte sie so gerne möglichst viel von ihnen gelernt. So musste sie eben „mit den Augen stehlen", Kochbücher wälzen und selbst experimentieren. Zu ihren besonderen Spezialitäten gehören heute Rezepte, die sie ihrer antiken Kochbuchsammlung entnimmt. Das älteste Exemplar datiert, wie das Kreuzgewölbe des Gebäudes, aus dem Jahr 1840. Und ihr viel gepriesener *Orangenpudding* basiert auf einem Rezept von 1865! In leicht abgewandelter zeitgemäßer

Mit dem stilvoll renovierten Kreuzgewölbe gehört die Sandmühle zu den beliebtesten Weinstuben der Region.

Kreation bietet Heike-B. Köngeter *Schwarze Nüsse* an, die sie je nach Jahreszeit mal *zum Ziegenkäse* oder zu Wildgerichten reicht, oder die *Weinsuppe mit Zimtcroûtons und Parmesan*. Reh und Wildschwein kommen aus eigener Jagd und der selbst geräucherte Lachs wird reihum gelobt. Zweimal im Jahr gibt es eine ganz andere kulinarische Besonderheit im historischen Familiengemäuer: ein Essen mit Bier- und Weinprobe. Selbstverständlich stehen Haus und Hof auch für private Feierlichkeiten zur Verfügung.

Knisternde Spannung herrscht während der Krimi-Lesungen, die hier von Zeit zu Zeit stattfinden. Dazu lässt sich die Chefin spezielle Krimi-Menüs einfallen. Die gemütliche Atmosphäre der Sandmühle hat sich auch beim Rundfunk herumgesprochen, der mit Wortwitz über „Kultur und Kulinarisches in der Kuhkapelle" berichtete.

Liebe zum Detail: alte Küchenutensilien vor sandgestrahlten Natursteinen

Doch damit nicht genug! Neben ihren vielfältigen Arbeiten in Haus und Küche nimmt sich die aufgeschlossene Wirtin immer wieder Zeit, soziale Projekte in den Räumen der Weinstube tatkräftig zu unterstützen. Bei Kunstausstellungen hat die Regionalität Vorrang, denn es werden hauptsächlich Werke rheinhessischer Künstlerinnen und Künstler vorgestellt. Eine dieser Benefizausstellungen kam dem Alphabetisierungsprojekt AFEMDI zugute. Zum Anlass passend servierte Heike-B. Köngeter ein afrikanisch inspiriertes 3-Gänge-Menü – und das alles aus der nur 13 Quadratmeter großen ehemaligen Futterkammer, die zur Küche umgebaut wurde.

Obwohl (oder weil?) Heike-B. Köngeter seit Kindesbeinen leidenschaftlich gerne kocht und erfolgreich experimentiert, hat sie allergrößte Hochachtung vor dem Beruf des Kochs. Daher möchte sie auch nicht als Profi-Köchin bezeichnet werden. Aber sie kocht aus Berufung.

Ausflugstipp

Alzey, die „Nibelungenstadt" – nach Volker von Alzey auch „Volkerstadt" genannt –, liegt nur 4 km von Wahlheim entfernt. Die gut erhaltene Altstadt mit vielen Fachwerkhäusern, Restaurants, Cafés und einem Schloss, umgeben von Resten der mittelalterlichen Stadtmauer, ist einen Besuch wert. Historiker vermuten, dass die ehemalige Reichsburg der Stadt im 16. Jahrhundert zum Schloss umgebaut wurde. Doch zeitgenössisches Handwerk kommt nicht zu kurz, denn auch Kleinkunst aller Art wird angeboten.

Schwarze Nüsse mit Ziegenfrischkäsetörtchen

Schwarze Nüsse 500 g Walnüsse, um den 24. Juni geerntet | 625 g Zucker | 1 TL Essig | 1 Stange Zimt | 10 Nelken | 1 Sternanis | ½ TL Koriandersamen | ½ TL Piment (oder andere „weihnachtliche" Gewürze) | 1 TL Zitronensäure

Frischkäse 6 kleine Ziegenfrischkäse | ca. 50 ml Sahne oder Schmant

Garnitur Walnusskerne, karamellisiert | dunkles Brot, in Scheiben

■ Die um Johanni (24. Juni) geernteten Nüsse sind noch grün, die harte, holzige Nussschale hat sich noch nicht gebildet. Die grünen Nüsse rundherum mit einer Rouladennadel mehrfach einstechen und 10 Tage lang wässern, dabei täglich das Wasser wechseln. Vorsicht: Beim Einstechen besser Handschuhe tragen, der austretende Saft kann ätzen und stark verfärben.
■ Die gewässerten Nüsse in Salzwasser weich kochen. Die Nüsse im Sieb abtropfen lassen, vom Kochsud ⅛ l abmessen.
■ Zucker mit dem Nusswasser aufkochen, abschäumen und Essig dazugeben. Flüssigkeit zu einem dicken Sirup einkochen

(bis sie ca. 110 °C erreicht). Gewürze und Zitronensäure unterrühren. Sirup nochmals zusammen mit den Nüssen aufkochen.

■ Noch heiß in sterile Einmach- oder Twist-off-Gläser füllen (pro Glas 8–12 Nüsse), gut verschließen und die Nüsse an einem kühlen, dunklen Ort lagern.

■ Ziegenkäse mit Sahne oder Schmant glattrühren und in einen Dressiersack mit großer Lochtülle geben.

■ Masse in kleinen Torten- oder Dessertringen dünn von der Mitte aus kreisförmig aufspritzen (oder einen großen Tortenring mit 20 cm Ø verwenden).

■ Schwarze Nüsse in Scheiben aufschneiden und in einer dünnen Lage auf die untere Ziegenkäseschicht geben. Dann eine zweite Schicht der Käsemasse auftragen, dann eine weitere Schicht Nüsse, die mit einer Käseschicht abgeschlossen wird.

■ 1–2 Stunden vor dem Aufschneiden ins Tiefkühlfach zum Anfrieren stellen, dann lässt sich die Frischkäsetorte leichter portionieren.

■ Mit frisch karamellisierten Walnusskernen und dunklem Brot servieren.

Hinter dieser Türe warten regionale Kunstausstellungen mit Benefizcharakter auf interessierte Besucher.

TIPPS

■ Ein Kochbuch von 1840 sagt: „... um die Weihnachtszeit im darauf folgenden Jahr zu genießen". Heike-B. Köngeters Meinung: Je älter die „schwarzen Nüsse" sind, desto besser werden sie.

■ Für Eilige: Einfach eine Nuss in feine Längsscheiben aufschneiden und auf einen Ziegenfrischkäse legen. Zum Ziegenfrischkäse passt eine liebliche Kerner Spätlese.

■ In der Sandmühle werden die schwarzen Nüsse auch zu Wild gereicht. Als Getränk empfiehlt die Wirtin dann einen kräftigen Saint Laurent oder ihren Dornfelder Schelmen.

Weinsuppe mit Zimtcroûtons und Parmesan

Suppe 250 ml Kerner Kabinett, halbtrocken | 250 ml Gemüsefond | 250 ml Sahne | Salz, Pfeffer | ¼ Knoblauchzehe, geschält und durchgepresst | 1 Msp Muskatnuss, frisch gerieben | 1 Msp Zimtpulver | 1 EL Mehlbutter (Butter und Mehl 1:1)

Croûtons 2–3 Scheiben frisches Toast- oder Weißbrot | 3 EL Olivenöl | 1 Prise Zimtpulver

1 Stück Parmesan oder Grana Padano zum Hobeln

■ Den Wein ein einem Topf zum Kochen bringen. Gemüsefond und Sahne unterrühren, mit Salz, Pfeffer, Knoblauch, Muskat und Zimt nach Geschmack würzen. Die Suppe erneut aufkochen lassen, dann die Mehlbutter unterrühren und köcheln, bis die Suppe bindet.

■ Für die Croûtons Brot in Würfel schneiden, mit Olivenöl in der Pfanne goldbraun rösten. Leicht abkühlen lassen und die Croûtons mit Zimt bestäuben.

■ Die Suppe in Schalen oder tiefen Tellern anrichten. Mit den noch warmen Croûtons bestreuen und zum Schluss ein paar Späne Parmesan über jede Suppe hobeln.

TIPP

■ In der Sandmühle trinkt man den Wein dazu, mit dem die Suppe gekocht wurde – z. B. einen halbtrockenen Kerner Kabinett oder auch einen Grauen Burgunder vom Weingut Korfmann.

10

Duo für glückliche Augenblicke

Angelika Fleischmann-Krieger und Birgit Rögner im Vinorant in Rhodt

Adresse
Vinorant Fleischmann-Krieger
Theresienstr. 22
76835 Rhodt unter Rietburg
Telefon: 06323/81372
E-Mail:
fleischmann-krieger@t-online.de
Website:
www.fleischmann-krieger.de

Öffnungszeiten
Do und Fr ab 17.00 Uhr
Sa und So ab 11.30 Uhr
September–Oktober
nur montags Ruhetag,
dann täglich ab 11.30 Uhr

Rhodt unter Riedburg, ein romantisches Örtchen, eingebettet in die anmutige Landschaft der südlichen Weinstraße, birgt ein kulinarisches Kleinod für stilvollen Genuss.

In der Theresienstraße, gesäumt von alten Kastanienbäumen und benannt nach Königin Theresia – der Frau des Bayernkönigs Ludwig I. –, liegt das *Vinorant Fleischmann-Krieger.*

Ein mit wildem Wein bewachsener Toreingang führt in den gepflasterten Hof. Der große Feigenbaum, viele Oleanderbüsche und weitere Kübelpflanzen geben dem schönen Anwesen ein südliches Flair. Dass die Pflanzen besonders gedeihen, verdanken sie dem milden Klima dieser Region. Vorbei an dem ebenfalls mit wildem Wein bewachsenen Fachwerkhaus gelangt man in den ehemaligen Stall, der liebevoll von der freundlichen Inhaberin Angelika Fleischmann-Krieger nach eigenen Entwürfen und ausschließlich mit Naturmaterialien zum heutigen Restaurant umgebaut wurde. Seit mehr als fünf Jahren leitet die Besitzerin nun ihren gastronomischen Betrieb. Als ausgebildete Wirtschafterin im Weinbau sammelte sie über zehn Jahre lang Erfahrung in der eigenen Straußwirtschaft. Ihr Ehemann, ein Winzermeister, unterstützte sie beim Sprung ins kalte Wasser, um nun ein Restaurant zu führen.

Liebevoll zum Restaurant umgebaut – ein ehemaliger Stall

Angelika Fleischmann-Krieger lenkt das Vinorant, während Birgit Rögner als Küchenchefin für das leibliche Wohl der Gäste sorgt. Seit 1981 übt sie ihren Beruf als Köchin aus und hat folglich ausgezeichnete Erfahrungen in ihrem Metier gesammelt. Bis das Duo zusammen fand und die heutige Wohlfühlatmosphäre entstand, war es ein langer Weg. Männliche Vorgänger konnten den Ansprüchen nicht genügen, die für die quirlige Besitzerin ganz besonders wichtig sind. Ihre Messlatte hing hoch und erst mit Birgit Rögner fand sie die geeignete Partnerin. Vielleicht oder gerade deshalb ist auch für die Gäste die geballte Frauenpower spürbar. Hier stimmt jede kleine Geste. Die Stimmung ist entspannt und gastfreundlich. Wer möchte da nicht verweilen?

Die mediterran angehauchte Küche korrespondiert mit regionalen Köstlichkeiten. Den pfälzischen Saumagen wird man ebenso auf der Speisekarte finden wie den *Lamm-* oder *Kaninchenrücken mit Waldpilzrahmsauce mit Pfälzer Grumbeerküchle* und als Dessert ein köstliches *Rotweinparfait mit gratinierten Feigen*. Das Lieblingsrezept der beiden Frauen unisono: Duo von Lachs und Zander mit variierenden Zutaten. Hier gilt: Jeder nach seinem Geschmack – und das reichhaltige Angebot wird dem voll gerecht.

Bei gutem Wetter lassen sich die Gewächse des hauseigenen Weinguts auch im hübschen Innenhof verkosten.

Das geschmackvoll renovierte Vinorant mit seinen Sandsteinwänden bietet 70 Gästen Platz. Die Tische sind mit Blumen geschmückt und mit pastellfarbenen Servietten, je nach Farbe der Blumen, eingedeckt. Die Handschrift der Wirtin und ihre Liebe für stilvolles Genießen sind überall sichtbar. Ausgesuchte Antiquitäten und moderne Accessoires harmonieren miteinander. „Ich habe lange Zeit und überall gesucht, bis ich das alles zusammen hatte", gesteht Angelika Fleischmann-Krieger lächelnd. Eine bequeme Sesselgruppe am offenen Kamin lädt die Gäste zum Aperitif oder zur Verkostung der Weine aus dem eigenen Weingut ein.

Längst hat es sich herumgesprochen, wie gut die Küche und der Service im Vinorant drinnen wie draußen sind. Die Lebens- und Arbeitsphilosophie dieser Oase liest man auf einer Tischkarte: „Die beste Art für einen glücklichen Augenblick zu zahlen, ist, ihn zu genießen." Dem ist nichts hinzu zufügen!

Ausflugstipp

Es bietet sich an, der **Villa Ludwigshöhe** mit der dortigen Max-Slevogt-Galerie einen Besuch abzustatten. Über einen Wanderweg durch die Weinberge kann man die Sommerresidenz König Ludwigs I. von Bayern besichtigen, die Mitte des 19. Jahrhunderts erbaut wurde, als die Pfalz zu Bayern gehörte. Von dort oben hat man, je nach der Wetterlage, eine spektakuläre Aussicht ins Rheintal. (Schlossverwaltung Villa Ludwigshöhe, Villastraße, 67480 Edenkoben, Telefon: 06323/93016, Fax: 06323/93017, E-Mail: villa-ludwigshoehe@burgen-rlp.de; Galerie nur nach Vereinbarung, Telefon: 06323/93016).

Kaninchenrücken auf Waldpilzrahmsauce mit Pfälzer Grumbeerküchle

Kaninchen 2 Kaninchenrücken (ausgelöst) | Salz, Pfeffer | 2 EL Butterschmalz

Grumbeerküchle 1 kg Kartoffeln, fest kochend | 2 Zwiebeln | ¼ Lauchstange | 125 g Weizenmehl, Type 405 | 3 Eier | Salz | 2 EL frische Petersilienblättchen, gehackt | Öl zum Ausbacken

Sauce 150 g Pfifferlinge | 150 g Steinpilze | 2 Schalotten | 1 EL Butterschmalz | 10 ml Pfälzer Weinbrand | 300 ml Sahne | Salz, Pfeffer | Muskatnuss, frisch gerieben

■ Den Kaninchenrücken mit einem spitzen Messer sorgfältig von allen Sehnen befreien, mit Salz und Pfeffer würzen. Den Backofen auf 100 °C vorheizen. Den Kaninchenrücken in einer Pfanne im heißen Butterschmalz von allen Seiten 3–4 Minuten rosa anbraten. Danach die Pfanne in den Backofen schieben und das Fleisch ca. 2 Minuten sanft garen lassen.

■ Für die Grumbeerküchle (Kartoffelpuffer) Kartoffeln und Zwiebeln schälen. Zwiebeln klein würfeln, Lauch waschen und in dünne Streifen schneiden.

■ Die rohen Kartoffeln in eine Schüssel reiben. Zwiebeln und Lauch hinzufügen, Eier unterrühren und nach und nach Mehl zugeben. Bis die Masse zu einem zähflüssigen Teig verarbeitet ist. Mit Salz und Petersilie würzen.

■ In einer Pfanne ausreichend Öl erhitzen und mit einer Schöpfkelle portionsweise Kartoffelteig eingießen. Die Grumbeerküchle von beiden Seiten goldgelb ausbacken und auf Küchenpapier abtropfen lassen.

■ Pilze putzen, wenn nötig kurz waschen, auf ein Küchenpapier legen und trocken tupfen. Je nach Größe die Pilze ganz lassen oder in Stücke oder Scheiben schneiden.

■ Die Schalotten abziehen, fein würfeln und mit Butterschmalz anschwitzen. Die Pilze zugeben und mitdünsten, mit Weinbrand ablöschen, mit Sahne aufgießen und bei niedriger Hitze 10 Minuten köcheln. Mit Salz, Pfeffer und Muskat abschmecken.

■ Die Kaninchenrücken quer in Scheiben schneiden und auf vorgewärmten Tellern anrichten. Mit der Waldpilzrahmsauce überziehen, mit den Grumbeerküchle garnieren und servieren.

Der romantische und sonnige Hofgarten verwandelt sich im Sommer in ein Gartenrestaurant, in dem man einfach nur sitzen bleiben, die Sonne genießen und sich verwöhnen lassen möchte.

Rotwein-Parfait mit gratinierten Feigen

Für 8–10 Portionen

Parfait Erste Masse ½ l Dornfelder Rotwein | 100 g Zucker | 325 g Butter | 3 Eigelbe

Parfait Zweite Masse 4 Eier | 60 g Zucker | 90 g Zucker | 50 ml Grand Marnier

Feigen 6–8 Feigen | Zucker zum Bestreuen

Rotwein-Parfait mit gratinierten Feigen

■ Für die erste Masse den Rotwein mit Zucker und Butter über einem heißen Wasserbad aufschlagen, etwas abkühlen lassen, dann die Eigelbe untermischen. Die Mischung im Kühlschrank einen Tag kaltstellen.

■ Für die zweite Masse die Eier trennen; Eigelbe und 60 g Zucker schaumig schlagen. Eiweiß steif schlagen und nach und nach den restlichen Zucker unterrühren bis die Masse glänzt. Den Eischnee mit Eigelbschaum und Grand Marnier vermischen.

■ Die Rotwein-Masse aus dem Kühlschrank in ein Rührgerät geben, zunächst langsam, dann nach und nach immer schneller rühren, bis eine feste Masse entstanden ist. Diese unter die zweite Masse heben und in eine Form füllen. Das Parfait vier Stunden in der Kühltruhe durchfrieren lassen.

■ Die Feigen waschen, der Länge nach aufschneiden und vierteln. Mit Zucker bestreuen und die Feigenspalten unter dem Grill bei 220 °C etwa 5 Minuten rösten; der Zucker soll dabei schmelzen und leicht karamellisieren.

■ Das Parfait aus der Form stürzen und mit einem heißen Messer in Portionen schneiden. Auf Desserttellern anrichten und mit gratinierten Feigenspalten garnieren.

11

Die Weltmeisterin

Petra Roth-Püngeler
im Restaurant Schneider in Dernbach

Adresse
Restaurant Schneider
Familie Roth-Püngeler
Hauptstraße 88
76857 Dernbach
Telefon: 06345/8348 und 95440
Fax: 06345/954444
E-Mail: wpuengeler@t-online.de
Website:
www.schneider-dernbachtal.de

Öffnungszeiten
Mi–So 11.30–15.00 Uhr und 17.30–24.00 Uhr
Mo und Di Ruhetag (im September nur montags)

Mit nur knapp 22 Jahren widerlegte Petra Roth das traditionsreiche Vorurteil, dass Männer die besseren Köche sind, denn sie gewann nicht nur den nationalen ersten Preis der Chaîne des Rôtisseurs nationale. Als erste Frau errang sie 1987 im spanischen San Sebastian danach gleich noch den Weltmeistertitel.

Dabei irritierte sie die hochkarätige Jury nicht wenig, denn nachdem die Gewinner der Silber- und Bronzemedaille wie immer an junge Männer vergeben waren, setzte der Juror an, den nächsten „Monsieur“ aufzurufen, um den neuen Weltmeister zu beglückwünschen. Er staunte nicht schlecht, als er feststellte, dass er seine Ansage korrigieren musste: „Oh, Mademoiselle Roth!“.

La Chaîne des Rôtisseurs, eine Bruderschaft des guten Essens und Trinkens, beruft sich auf die Traditionen der alten königlichen französischen *Gilde von Gänseröstern*. Dementsprechend ähneln ihre kulinarischen Standards denen eines „königlichen Tisches“. Hier geht es im wahrsten Sinne des Wortes um *Haute Cuisine*, die hohe Kunst des Kochens. Und das weltweit! Einmal im Jahr treffen sich junge Köchinnen und Köche unter 26 Jahren aus der ganzen Welt zu einem Kochwettbewerb unter außergewöhnlichen Bedingungen, denn die Teilnehmer erfahren die Zutaten erst 30 Minuten vorher. Danach läuft die Zeit. Nur drei Stunden bleiben den jungen Profis, um ihr Talent und Fachwissen international zu präsentieren und ein dreigängiges Menü für vier Personen zu kreieren. Mademoiselle Roth überzeugte mit Roulade von Lachs und Seeteufel, Roastbeef mit Rotweinschalotten und zweierlei Eisparfaits.

Dieser ganz besonderen Auszeichnung folgten viele, die dazu beitragen, dass das Restaurant Schneider zu den besten Gourmet-Restaurants der Pfalz zählt und in allen Restaurantführern herausragend besprochen wird.

Jahreszeitenküche im Garten …

... und an festlich gedeckten Tischen im Restaurant.
Die dekorativen Weinfässer an der Wand passen zur reichhaltigen Weinkarte.

Doch bevor es dazu kam, absolvierte die begeisterte Köchin, die schon lange wusste, dass sie diesen Beruf ergreifen wollte, erst einmal die Lehrzeit im Café und Restaurant eines katholischen Altenheimes in Landau. Dank des guten Ausbilders und der langjährigen Möglichkeit, ihrer Großmutter beim Kochen, Brot backen und der Zubereitung von Handkäse oder weißem Käse und Butter zuzusehen, konnte die talentierte junge Frau ihre Lehre bereits nach zweieinhalb Jahren beenden. Danach begannen ihre „Wanderjahre", dabei lernte sie ihren Mann Werner Püngeler kennen, der als Koch und Serviermeister seine Frau tatkräftig unterstützt. 1988 übernahmen die beiden das Restaurant von Petras Eltern. Nun in vierter Generation wurden Küche und Restaurant stilsicher umgebaut. Heute können die Stammgäste des Landgasthauses zwischen regionalen Gerichten und raffinierter Gourmetküche wählen. Geschickt balanciert die Küchenchefin zwischen frischen Pfälzer Gerichten und internationalen Kreationen. Die monatlich wechselnden Menüs sind jahreszeitlich ausgerichtet. Zu ihren Spezialitäten gehören Fisch, Geflügel, Lamm und Wild, wie das *Saltimbocca von der Perlhuhnbrust*, aber auch Vegetarier werden nicht vernachlässigt. Schon allein ihr *Zwetschgenkompott mit Walnusseis* ist einen Besuch wert. Auch Weinliebhabern dürfte es bei der Auswahl an 30 offenen Weinen und mehr als 120 Flaschenweinen nicht schwer fallen, den passenden Tropfen zu finden.

In Kooperation mit dem Hotel *Dernbachtal* ihres Bruders bietet sie seit Neuestem ein so genanntes *Well-Viness Menü* an. Die Anti-Aging Küche mit viel Ingwer, Fisch, Oliven-, Soja- und Traubenkernöl, Dinkel, Nüssen und Tomaten hat Einzug in die Speisekarte der virtuosen Köchin gehalten.

So entwickelte die Familie ihr Domizil von der ehemals kleinen ländlichen Fuhrmannsschenke zum weit über die Grenzen hinaus bekannten Gourmet-Restaurant, das über 85 Sitzplätze verfügt.

Ausflugstipps

Dernbach ist umgeben von Burgen und ausgezeichneten Wanderwegen durch den Pfälzer Wald mit seinen vielen bewirtschafteten Hütten. Die **Burgruine Scharfeneck** ist vom Restaurant aus in 45 Minuten auf einem Waldweg zu erreichen.

Auch die **Domstadt Speyer** lädt mit ihren Sehenswürdigkeiten zu einem Besuch ein.

Perlhuhnbrust-Saltimbocca auf Bohnen-Pfifferling-Ragout mit Kartoffel-Dinkel-Gnocchi

Saltimbocca 4 Perlhuhnbrüste mit Haut, ohne Knochen | 8 Salbeiblätter | 4 dünne Scheiben Serrano-Schinken | Salz und Pfeffer | 2 EL Sojaöl

Bohnen-Pfifferlings-Ragout 200 g Stangenbohnen | 1 Schalotte, gewürfelt | 2 EL Butter | 150 g frische Pfifferlinge, geputzt und falls nötig gewaschen | Salz, bunter Pfeffer, grob zerstoßen | Zucker | 80 ml Sahne | 1 TL Holunderblüten-Essig

Kartoffel-Dinkel-Gnocchi 300 g Kartoffeln, mehlig kochend, geschält | 2 Eier (Größe M) | 1 EL Olivenöl | Salz, Pfeffer | Muskatnuss, frisch gerieben | 120 g helles Dinkelmehl | 1 EL getrocknete Tomaten, feingeschnitten | Olivenöl zum Schwenken

Der Kartoffelteig für die Gnocchi mit feingeschnittenen, getrockneten Tomaten

■ Den Backofen auf 140 °C vorheizen und eine feuerfeste Schüssel mit Wasser hineinstellen, damit sich Dampf entwickeln kann und das Gargut saftig bleibt. Die Haut der Perlhuhnbrust auf der einen Seite zu Dreivierteln vom Fleisch lösen. Auf das schiere Brustfleisch je 2 Salbeiblätter und eine Scheibe Schinken legen, die Haut wieder darüberziehen. Die Brüste mit Salz und Pfeffer würzen und auf der Hautseite in Sojaöl bei mittlerer Hitze anbraten, danach im Backofen in ca. 15 Minuten fertig garen.
■ Für das Bohnen-Pfifferlings-Ragout die Bohnen waschen, die Enden auf beiden Seiten entfernen. Eine Schüssel mit Eiswasser zum Abschrecken bereithalten.
■ In einem großen Topf Salzwasser zum Kochen bringen, die Bohnen darin blanchieren und danach sofort im Eiswasser abschrecken (dadurch bleibt die Farbe kräftig grün und die wichtigen Vitamine bleiben erhalten). Bohnen abtropfen lassen und in gleichmäßige Rauten schneiden.
■ In einer großen Pfanne die gewürfelte Schalotte bei mittlerer Hitze in der Butter glasig anschwitzen. Blanchierte Bohnen und

TIPP

■ Als Sauce eignet sich ein Geflügeljus, der mit Portwein abgeschmeckt wurde.

Pfifferlinge dazugeben und anbraten. Mit Salz, Pfeffer und Zucker würzen, die Sahne unterschwenken, zum Schluss das Ragout mit Holunderblüten-Esssig abschmecken.

■ Für die Gnocchi Kartoffeln in Salzwasser weich kochen, abtropfen lassen und noch heiß durch die Kartoffelpresse drücken. Eier, Öl und die Gewürze dazugeben und vermengen, vorsichtig das Dinkelmehl einarbeiten, bis eine teigige Masse entsteht. Zum Schluss die feingeschnittenen getrockneten Tomatenstücke vorsichtig unterkneten.

■ Aus dem Kartoffelteig längliche Rollen formen. Von den Teigrollen 3–4 cm lange Stücke abschneiden. Mit bemehlten Händen jeweils oval formen und mit einer Gabel Rillen hineindrücken.

■ Gnocchi in kochendem Salzwasser kurz garen, danach abtropfen lassen und in einer Pfanne mit etwas Olivenöl schwenken.

■ Das Ragout auf die Mitte von vorgewärmten Tellern geben. Saltimbocca in Tranchen schneiden und darauf legen. Je 3–6 Gnocchi am Rand verteilen und servieren.

Saltimbocca von der Perlhuhnbrust mit Bohnen-Pfifferling-Ragout und Kartoffel-Dinkel-Gnocchi

Zwetschgenkompott und Walnusseis

Kompott 500 g Pfälzer Zwetschgen, entkernt | 80 g Zucker | 100 ml Wasser | 100 ml Rotwein | 100 ml Johannisbeersaft | 1 Zimtstange | 1 Vanillestange, aufgeschnitten | 20 g Kartoffelstärke

Walnusseis ¼ l Milch | ¼ l Sahne | 2 Eigelbe (Größe M) | 2 Eier (Größe M) | 70 g dünnflüssiger Blütenhonig | 70 g Zucker | 2 cl Amaretto | 80 g Walnusskerne, grob gehackt | 20 g Zucker

Hippen 60 g Puderzucker, durchgesiebt | 2 Eiweiß (Größe M, ca. 60 g) | 60 Butter, flüssig | 60 g Weizenmehl, Type 405

Zwetschgenkompott auf großen Tellern mit einer Walnusseis-Nocke und der dekorativen Hippe serviert.

■ Die Zutaten für das Kompott ohne Stärke bei kleiner Hitze köcheln, bis die Zwetschgen weich sind, aber noch einen gewissen Biss haben.
■ Kartoffelstärke mit etwas Wasser glattrühren. Die Zwetschgen damit kurz Aufkochen, dann erkalten lassen.
■ Für das Walnusseis Milch und Sahne in einem Topf kurz aufkochen. In einer Metallschüssel Eier, Eigelbe, Honig und Zucker cremig rühren, bis die Masse eine helle Farbe angenommen hat.
■ Vorsichtig die heiße Milch-Sahne unterrühren und die Masse im Wasserbad zur Rose abziehen. Dabei solange rühren, bis sie dicklich wird. Amaretto zugießen, durch ein Sieb abseihen und erkalten lassen.
■ Walnüsse in einer Pfanne mit dem Zucker anrösten.
■ Erkaltete Eismasse in eine Eismaschine geben. Walnüsse bei halbfester Konsistenz hinzufügen, fertig gefrieren.
■ Zutaten für die Hippen nach und nach wie oben angegeben in einer Schüssel zu einem Teig vermengen. Bedeckt eine Stunde kühlstellen.
■ Den Backofen auf 170 °C vorheizen.
■ Den Teig mithilfe einer Palette dünn auf einem mit Backpapier ausgelegten Blech in unterschiedlich breiten Bahnen aufstreichen, 5 Minuten backen und noch heiß zu Hippen formen.

12

Die Bibliothekarin der Kochbücher

Martina Charlotte Weik
in Weik's Vinothek & Restaurant in Neustadt

Adresse
Weik's Vinothek & Restaurant
An der Eselshaut 53
67435 Neustadt an der Weinstraße
Telefon: 06321/670365
Fax 06321/679126
E-Mail: vinoweik@t-online.de
Website:
www.weiks-restaurant.de

Öffnungszeiten
Di–Sa ab 17.00 Uhr
So ab 11.30 Uhr
(Küche bis 21.00 Uhr)
Mo Ruhetag

Lesen bildet! Das gilt auch für die Lektüre von Kochbüchern. Die Besucher von Weik's Restaurant werden das bestimmt gerne bestätigen, denn Erlesenes aus Martina Weiks Kochbuchbibliothek hat erlesene Gerichte auf ihrer Speisekarte zur Folge.

In Mußbach, einem Stadtteil von Neustadt an der Weinstraße, bekocht Martina Weik ihre Gäste seit 10 Jahren im Elternhaus ihres Ehemannes. Ein mit Reben umranktes Tor führt in den ländlich gestalteten Winzerhof, in dem man bei schönem Wetter gleich Platz nehmen kann. Bereits hier betritt der Gast ein rundum außergewöhnliches Familiengasthaus und ein Restaurant, das deutlich größer ist, als es auf den ersten Blick scheinen mag. In dem ehemaligen Tanzsaal können bis zu 60 Gäste speisen, doch an einen Tanzsaal erinnert heute nichts mehr – außer vielleicht der schöne Holzfußboden. In der Mitte des Raumes fällt der Blick auf eine liebevoll dekorierte Tafel. Edle Küchenutensilien, kombiniert mit jahreszeitlichen Baum- und Feldfrüchten, verraten die stilsichere Handschrift der Chefin. Die Tische sind mit feinen Tischtüchern und Stoffservietten eingedeckt. Das ganze Ambiente strahlt heimeliges Wohlbefinden aus.

Heimeliges Wohlbefinden für Mensch und Hund

Martina Weik ist eine Freundin regionaler und saisonaler Zutaten. Die meisten Kräuter und heimische Gemüse kommen aus dem eigenen Garten und sind daher noch frischer als frisch vom Markt. So bodenständig die Produkte, so weltläufig sind die Gerichte, die aus der Küche auf den Tisch kommen. Das verdankt die kreative Köchin nicht zuletzt ihren drei Küchengehilfinnen mit ceylonesischen Wurzeln. Einige durchaus spannende Beispiele: Die *Gans* wird *auf Brombeersauce* mit Spaghetti serviert. Das *Ceyloncurry*

Wer möchte hier nicht einkehren?

mit Kastanien und Karottengemüse auf der Speisekarte macht neugierig und die *Kastaniensuppe*, die mit Sahne und Butter verfeinert wird, ist eine Offenbarung. Im Januar und Februar dominieren Fisch- und Muschelgerichte. Dieser mutige Mix von „Hausfrauenart" und asiatischen Einflüssen ist mindestens genauso kreativ und anspruchsvoll wie die gehobene Küche männlicher Kollegen. „Einfach nur lecker, lecker, lecker", urteilte der SWR. Ob die „Besser-Esser" vielleicht den *Huxel-Zimt-Rahmbraten* und zuvor den *Kastanien-Cappuccino* versucht haben?

Auf die Kochbuchbibliothek mit mehr als 500 Exemplaren haben wir schon hingewiesen. Martina Weik besitzt sie nicht nur, sie kennt auch sehr genau deren Inhalte. Auch ohne ein bibliothekarisches Stichwortverzeichnis findet sie jedes Rezept im Handumdrehen und das ist sicher eines der Geheimnisse ihres kulinarischen Erfolgs.

Der Name *Vinothek* weist auf die Tätigkeit ihres Ehemannes, Uwe Weik, hin. Als Sommelier ergänzt er die Angebote aus der Küche überzeugend mit seinen Fachkenntnissen. Die Weinkarte umfasst ausgesuchte Weine aus der ganzen Welt, aber die regionalen Pfälzer dominieren – natürlich auch solche aus dem verschwägerten Weingut Weik. Küche und Keller ergänzen sich prächtig.

Bei soviel Kochkunst und Weinverstand ist es kein Wunder, dass die Gäste immer wiederkehren. Nimmermüde entwickelte das Ehepaar Weik daher ein gästefreundliches Konzept: Wer möchte, kann sich in einer Datei erfassen und regelmäßig über die neuesten Angebote informieren lassen. Dieser Service findet Beifall und die Zahl der Eintragungen wächst stetig.

Noch ein Service wird gerne angenommen: Vor ca. 50 Jahren war es auf dem Land durchaus üblich, eine Köchin zu engagieren, die im eigenen Haus eine Hochzeitsgesellschaft oder Gäste einer Kommunion-/Konfirmationsfeier bekocht hat. Hier tritt Martina Weik in die Fußstapfen ihrer Großmutter, die in vielen Dingen ihr Vorbild ist, und bietet im Catering die Möglichkeit, eine Festlichkeit ungestört und in gewohnter Umgebung genussvoll zu zelebrieren. Die erfahrene Köchin sorgt dafür, dass alles bis aufs i-Tüpfelchen stimmt

Wer bei den Weiks nach einem längeren Restaurantaufenthalt nächtigen möchte, dem stehen Gästezimmer zur Verfügung. Und am kommenden Tag laden beschauliche Weingemeinden entlang der Weinstraße oder historische Stätten zu einem Besuch ein.

Edle Karaffen und elegantes Geschirr verraten die stilsichere Hand der Chefin.

Ausflugstipp

Das **Hambacher Schloss** liegt inmitten von Kastanienwäldern auf einem Vorberg der Haardt, die den Ostrand des Pfälzer Walds bildet, und bietet einen weiten Blick über die Rebenhügel beiderseits der Deutschen Weinstraße und auf die Oberrheinische Tiefebene. Errichtet wurde die „Kästenburg" (Kästen = Kastanien) zu Beginn des 11. Jahrhunderts. Während des Pfälzischen Erbfolgekrieges wurde sie 1688 zerstört.

Gegen Ende des 18. Jahrhunderts kam die Ruine für einige Zeit in französischen Staatsbesitz und fiel nach dem Sturz Napoleons an Bayern. Eine viertägige Protestveranstaltung von ca. 30.000 Menschen im Jahre 1832, zur Täuschung der bayrischen Behörden als „Volksfest" deklariert, setzte einen Meilenstein in der Entstehung der deutschen Demokratie. Wer mehr über das *Hambacher Fest* erfahren möchte, kann sich im Schloss in einer sehenswerten Multivisionsschau darüber informieren (www.hambacher-schloss.de).

Kastaniencappuccino

Für 12 Kaffeetassen à 120 ml

125 g Butter | 2 EL Zucker | 1 kg geschälte Kastanien (frisch, TK oder aus dem Glas) | ½ l Gemüsebouillon, bereitet aus Sellerie, Lauch, Karotte und Zwiebel, abgeseiht | Salz, Pfeffer | Muskatnuss, frisch gerieben | 250 ml Sahne, steif geschlagen

■ Die Butter mit Zucker in einem Topf schaumig rühren, dann die Kastanien dazugeben, mit Gemüsebouillon auffüllen und zum Kochen bringen. Mit Salz und Pfeffer würzen und alles ca. 1 Stunde bei kleiner Hitze köcheln. Mit Muskat abschmecken.
■ Den Topf vom Herd nehmen und die Kastanien mit einem Pürierstab fein pürieren. Zwei Drittel der geschlagenen Sahne unterrühren, die restliche Schlagsahne in einen Spritzsack füllen. Sollte die Suppe noch zu dick sein, mit etwas Gemüsebouillon verdünnen.
■ Die luftige Suppe in Kaffeetassen füllen, mit einer Sahnehaube dekorieren und servieren.

Huxel-Zimt-Rahmbraten

Für 6 Portionen

1,8 kg Rinderhüfte | Salz, Pfeffer | 2 EL Butterschmalz | 2 Zwiebeln, geschält | 1 Karotte, geschält | 1 kleine Sellerieknolle (ca. 250 g), geschält | 1 Stange Lauch | 2 EL Tomatenmark | 1 l Huxelrebe Spätlese (Weißwein) | 1 l Wasser | 1 Lorbeerblatt | 1 Nelke | 1 Wacholderbeere | 4 Pimentkörner | 1 kleines Stück Zimtstange | 1 EL Kartoffelstärke | 1 EL Saucenbinder | ⅛ l Crème double | ½ TL gemahlener Zimt | ⅛ l Huxelrebe Spätlese

6 frische Aprikosen, ohne Kern (außerhalb der Saison: Backpflaumen, ohne Kern) | 6 getrocknete Aprikosen, ohne Kern

Garnitur Lauchgrün, fein geschnitten | 1 EL Butter | schwarzer Pfeffer, frisch gemahlen

Zum Huxel-Zimt-Rahmbraten mit Aprikosen passen Semmelknödel besonders gut.

■ Backofen auf 150 °C vorheizen.
■ Fleisch salzen und pfeffern, im heißen Butterschmalz von beiden Seiten in einem Bräter gut anbraten, dann aus dem Topf nehmen.
■ Zwiebeln vierteln, Karotte und Sellerie sowie geputzten Lauch klein schneiden und mit dem Tomatenmark in den Bräter geben und anrösten. Mit Wein und Wasser ablöschen.
■ Das Fleisch mit Lorbeerblatt, Nelke, Wacholder, Piment und der Zimtstange wieder in den Topf geben. Bräter in den vorgeheizten Backofen schieben und den Braten ca. 3 Stunden schmoren, dabei nach etwa einer Stunde das Fleisch mit einem Stück Alufolie bedecken.
■ Den gegarten Braten aus dem Topf nehmen und zugedeckt ruhen lassen.
■ Den Fond durch ein Sieb passieren und noch etwas einkochen. Kartoffelstärke und Saucenbinder mit etwas Wasser anrühren und den Fond damit binden. Mindestens 20 Minuten bei niedrigster Hitze köcheln lassen. Zum Schluss Crème double, gemahlenen Zimt und Huxelrebe zugeben und die Sauce mit Pfeffer und Salz abschmecken. Aprikosen in Spalten schneiden und mit den Trockenfrüchten in der Sauce erwärmen.
■ In einer Pfanne die Lauchstreifen in heißer Butter schwenken.
■ Den Braten aufschneiden und mit Aprikosen und Lauchstreifen auf Tellern anrichten. Mit Sauce überziehen, frisch gemahlenen Pfeffer darübergeben und servieren. Restliche Sauce in einer Saucière getrennt dazu reichen. Als Beilage passen wahlweise Semmelknödel oder Spätzle.

13

Die Eselswirtin

**Anette Ueberschaer
in der Eselsburg in Mußbach**

Adresse
Eselsburg
Kurpfalzstraße 62
67435 Neustadt/Mußbach
Telefon: 06321/66984
Fax: 06321/60919
E-Mail:
ueberschaer@eselsburg.de
Website: www.eselsburg.de

Öffnungszeiten
Di–Sa ab 17.00 Uhr

„Domizil Pfälzer Humors und weinfroher Gastlichkeit für Wein- und Kunstfreunde". Dem traditionsbetonten Anspruch, der die Speisekarte ziert, wird die Eselsburg bestens gerecht. Das rustikal eingerichtete Gasthaus mit seinen verwinkelten Ecken und Stuben schafft eine angenehme und künstlerische Atmosphäre.

Im Eingang neben der hellblau gestrichenen Holztüre, die ins Innere des gemütlichen Restaurants führt, erfährt der Gast, dass er soeben ein von Michelin 2011 empfohlenes Restaurant betritt. Bereits im September 2007 gab es in der Zeitschrift Geo-Saison einen Hinweis auf „Die Institution mit Promiwand und jeder Menge Kuriositäten". In der Tat ist das Haus voll von origineller Kunst. Von der Tischplatte des Stammtischs strahlt eine gemalte üppige Meerjungfrau. Der monumentale Kamin in einem anderen Raum wird von zwei engelhaft anmutenden Frauenfiguren „überthront". Kunst, wohin man sieht. Fast wie in einem kleinen Museum. Und das ist auch kein Wunder, denn einst diente das Haus als Atelier für den pfälzischen Bildhauer und Maler Fritz Wiedemann. Wie in Künstlerkreisen oft üblich, hatte er allabendlich zahlreiche Freunde um sich geschart, mit denen er Wein trank. Irgendwann gab es dann auch Kleinigkeiten zu essen und im Laufe der Zeit entstand die durchaus nahe liegende Idee, eine Kneipe zu eröffnen. Das liegt 40 Jahre zurück. Sein Sohn Peter trat die Nachfolge an und übergab die Eselsburg später an die charmante Anette Ueberschaer, die sich seither Eselswirtin nennt. Seit Juni 2008 ist die gelernte Restaurantfachfrau und Sommelière gleichzeitig auch Chefin des außergewöhnlichen Gasthauses. Dank ihrer hervorragenden Küche wurde aus der Weinstube schnell ein stets ausgebuchtes Restaurant. Auch die Weinkarte, überwiegend mit Topgewächsen der deutschen Weinstraße, ist sehenswert.

„Trudle durch die Welt. Sie ist so schön, gib dich ihr hin, und sie wird dir geben." ***Kurt Tucholsky***

Anette Ueberschaer kommt aus einer Gastronomenfamilie. Ihr Vater, ein gelernter Koch, schickte seine Tochter schon als Kind zum Bahnhof, wo sie bestellte Trüffel oder andere Spezialitäten für das elterliche Restaurant abholte. Kaum verwunderlich, dass sie die Liebe zum Kochen weiter entwickelte. Sie lernte bei Dieter Müller, ging ein Jahr auf die Bermudas und erweiterte ihr Wissen im Piemont, Land der Trüffel und edlen Weine, als Sommelière.

Dennoch ist ihre Küche regional. Ihre Küchenphilosophie lautet: Verwendet werden nur frische Produkte aus der Umgebung. Die Gerichte müssen schnell zuzubereiten sein, da die 80 Personen, die in den verschiedenen kleinen Räumen Platz nehmen können, nur von zwei Personen bedient werden. Und das Restaurant – im Sommer auch die kleine romantische Gartenterrasse – ist immer voll. Ohne Vorbestellung geht gar nichts. Für Vegetarier sei ihr Haus zwar eher ungeeignet, meint die Chefin, da die Gerichte deftig und fleischlastig sind. Dennoch musste noch kein Fleisch-Verweigerer hungrig nach Hause gehen. Für beste Qualität ihrer Pfälzer Spezialitäten kooperiert die Eselswirtin mit einem 80-jährigen Metzger, der nur für sie die Bratwürste und den Saumagen macht. Passend zur Jahreszeit wechselt die Speisekarte wöchentlich.

Die beste Mousse au Chocolat, Rezept auf Seite 87

Auf die Frage nach ihrem Lieblingsgericht lautet die Antwort: *Linsengemüse* – natürlich biologisch angebaut – *mit geräuchertem Erdesbacher Ziegenkäse*. Das hat sie schon als Kind immer gerne gegessen.

Neben ihrer ausgezeichneten Küche sorgt Anette Ueberschaer dafür, dass die künstlerische Atmosphäre des Hauses erhalten bleibt und mit wechselnden Ausstellungen belebt wird. Rund ums Jahr bietet sie zu besonderen Anlässen echte Schmankerl an, so dass auch die vielen Stammgäste mit neuen künstlerischen und kulinarischen Eindrücken nach Hause gehen können.

Ausflugstipps

Neustadt an der Weinstraße liegt im Herzen der Pfalz und lockt zu einem Bummel in die historische Altstadt mit liebevoll restaurierten Fachwerkhäusern und verwinkelten Gassen.

Die **umliegenden neun Weindörfer** sprühen ebenfalls vor Leben: Diedesfeld, Duttweiler, Geinsheim, Gimmeldingen, Haardt, Hambach, Königsbach, Lachen-Speyersdorf und Mußbach. Überall trifft man auf Winzer und Weine, die zu den besten in Deutschland zählen.

Lauwarmer Linsensalat mit geräuchertem Ziegenkäse

Linsen 250 g Linsen von der Schwäbischen Alb (ersatzweise Puy-Linsen) | 1 mittelgroße Zwiebel, geschält und gewürfelt | 50 g Speckwürfel | 3 EL Olivenöl | 1 TL fein geschnittene Rosmarinnadeln | 400 ml Rinderbrühe, heiß | Salz, Pfeffer | 1–2 EL dunkler Balsamico | Salz, Pfeffer | 1–2 EL dunkler Balsamico | 2 Frühlingszwiebeln, geputzt | 1 große Karotte, geschält | 2 Stangen Staudensellerie

Sauce 250 ml Rinderkraftbrühe (gut gewürzt) | 100 ml Olivenöl | 150 ml Pflanzenöl | 100 ml weißer Balsamico | 1 großer EL Senf | 1 Knoblauchzehe, geschält | Salz, Pfeffer

Garnitur 1 Bund Rucola, gewaschen | 1 Stück Erdesbacher Ziegenkäse, geräuchert

■ Linsen waschen und gut abtropfen lassen. Zwiebel- und Speckwürfel im Topf in Olivenöl anschwitzen, ohne braun werden zu lassen.

■ Abgetropfte Linsen und Rosmarin hinzugeben und unter ständigem Rühren kurz anbraten. Mit heißer Brühe auffüllen und die Linsen bei kleiner Hitze ca. 35 Minuten garen, dabei ab und zu vorsichtig umrühren; wenn notwendig, noch etwas mehr Flüssigkeit hinzufügen.

Das „Wappentier" der Eselsburg taucht in verschiedenen Variationen in und um das Gasthaus immer wieder auf.

■ Fertig gegarte Linsen noch heiß salzen, pfeffern und mit Balsamico abschmecken.

■ Frühlingszwiebeln, Karotte und den Staudensellerie in feine Scheiben schneiden. Mit Salz und Pfeffer würzen und mit Balsamico abschmecken.

■ Alle Zutaten für die Sauce mit dem Pürierstab gut durchmixen. Mit Salz und Pfeffer abschmecken.

■ Die etwas abgekühlten Linsen und das rohe Gemüse (Menge nach Belieben) mit der Sauce vermischen und auf einem Bett aus Rucolablättern anrichten. Geräucherten Ziegenkäse mit der Aufschnittmaschine oder dem Gemüsehobel dünn aufschneiden und großzügig über das Linsengemüse verteilen.

TIPPS

■ Wurzelgemüse der Kraftbrühe mit in die Sauce mixen, das macht sie sämiger und bringt ein gutes Aroma. Diese Sauce eignet sich auch als Salatdressing und lässt sich im Kühlschrank ohne weiteres ein paar Tage aufbewahren.

■ Vegetarier können statt Rinder- und Kraftbrühe Gemüsebrühe verwenden und den Speck durch getrocknete Tomaten ersetzen.

■ Alternativ zum Ziegenkäse passt eine geröstete Blutwurst (getrocknete Blutwurst in Rädchen geschnitten und in der trockenen heißen Pfanne knusprig gebraten, vor dem Servieren auf Küchenpapier abgetropft und heiß serviert).

Die beste Mousse au chocolat!

Die Masse für die luftige Mousse wird schaumig gerührt.

Für ca. 1,8 l Mousse (12–18 Portionen)

6 Eier | 100 g Zucker | 1 EL Instantkaffee | 10 ml Rum oder Cognac | 400 g Bitterschokolade in bester Qualität mit mind. 70 % Kakaogehalt | 1 l Sahne

■ Eier, Zucker, Instantkaffee und Rum in einer Edelstahlrührschüssel schaumig rühren, dann die Schüssel ins warme Wasserbad stellen und weiter schlagen, bis eine cremige Mousse entsteht – Vorsicht, das Wasserbad nicht zu heiß halten, sonst gerinnen die Eier. Anschließend die Schüssel zum Abkühlen in kaltes Wasser stellen und die Creme kaltrühren.
■ Die Schokolade in Stücke brechen und in einer Schüssel auf einem Wasserbad bei 38 °C schmelzen.
■ Die Sahne steif schlagen.
■ Die abgekühlte Eiercreme vorsichtig unter die Schokolade ziehen, anschließend die Sahne mit Gefühl unterheben, bis sich alles gut vermischt hat. Die Mousse im Kühlschrank etwa 3 Stunden ruhen lassen.

TIPP
■ Die Mousse wird in der Eselsburg aus einer großen Schüssel serviert.

14

„Wehe, wenn Wünsche wahr werden ...“

Susanne Nett
im NETTS in Gimmeldingen

Adresse
NETTS
Restaurant und Landhaus
Inhaber: Susanne und
Daniel Nett
Meerspinnstraße 46
67435 Neustadt-Gimmeldingen
Telefon/Fax: 06321/60175
E-Mail: nett@nettsrestaurant.de
Website:
www.nettsrestaurant.de

Öffnungszeiten
Mi–So ab 17.00 Uhr
(April–Oktober sonntags
auch 12.00–14.30 Uhr)
Mo und Di Ruhetag

Wer in dem geschmackvoll renovierten Landhaus mit großer Gartenterrasse und schier endlosem Blick über die berühmten Pfälzer Weinberge einkehrt, trifft auf ein weit gereistes Paar, das beste Voraussetzungen für ein ausgefeiltes gastronomisches Angebot mitbringt.

Susanne Nett kommt aus dem traditionsreichen Weingut der Familie Völker in Oppenheim und war 1997/98 mit nur 24 Jahren rheinhessische Weinkönigin. Im darauf folgenden Jahr wurde sie unverhofft zur 50. deutschen Weinkönigin gekürt. Die daraus resultierenden zahlreichen Verpflichtungen führten sie nicht nur durch Europa, sondern sie repräsentierte deutsche Weine unter anderem auch in Amerika und Japan. Auf einer Weinmesse lernte sie dann ihren Mann Daniel, einen Restaurantfachmann und Sommelier, kennen. Sie selbst wurde im Mainzer 4-Sterne Hotel *Atrium* zur Hotelfachfrau ausgebildet. Seit 2009 betreibt das Ehepaar sein Domizil in dem kleinen Ort Gimmeldingen bei Neustadt an der Weinstraße. Bis zur Geburt der Kinder hat Susanne Nett, die gerne kocht, ihre Ideen auch in ihrer Restaurantküche umgesetzt, und lässt es sich trotz Familie und zahlreichen anderen Aufgaben bis zum heutigen Tag nicht nehmen, weiterhin ihre eigenen kleinen hausgemachten Konfitüren und Chutneys, genannt „NETTS kleine Feine“, herzustellen.

Der Hauswein der Weinkönigin

Seit 2008 tourt sie für die SWR-Sendereihe „Rezeptsucher“ neben ihrer Aufgaben als Köchin und Mutter mit einem Kamerateam durch Rheinland-Pfalz, immer auf der Suche nach persönlichen

Wechselnde Kunstausstellungen bereichern das geschmackvolle Gourmetrestaurant

Lieblingsrezepten von Privatleuten, die sie einfach auf der Straße anspricht. Gekocht und gedreht wird in deren Privathaushalten, nur wenn keiner seine privaten Türen öffnen will, weicht das Team auf die öffentliche Gastronomie aus.

Dennoch ist ihre persönliche kreative Kochkunst auch weiterhin gefragt. Im Rahmen des renommierten *Mainzer Taste-Tivals* gehörte sie zu den ausgewählten Köchinnen und Winzerinnen, die 2010 eine große Gästeschar unter dem Motto *Die Rosenrevolution* im Atrium-Hotel begeisterten (siehe auch unser Bericht über Eva Eppard ab Seite 180). Am Stand von Susanne Nett gab es *Thunfischtatar mit Kapern und Limette, Knuspersäckchen vom Pfälzer Saumagen, Rosmarinkraut und Preiselbeeren.*

Der Saumagen in all seinen Varianten wird Ihnen in diesem Buch hin und wieder begegnen. Das Pfälzer Nationalgericht gehörte nebenbei zu den Lieblingsgerichten des Altkanzlers Helmut Kohl und daher kann man ohne Übertreibung feststellen, dass mit dem *Saumagen* Politik gemacht wurde. Susanne Nett genießt ihn am liebsten *mit Maronen-Kartoffelstampf.* Selbstverständlich gibt es aus NETTS Küche noch jede Menge anderer attraktiver saisonaler Angebote.

Ganz andere Kunstwerke schmücken die Wände des Gastraums: Wechselnde Kunstausstellungen von Pfälzer Künstlern bereichern das Gourmetrestaurant um eine zusätzliche, regionale Dimension.

Familie Nett will ihre Gäste an Leib und Seele verwöhnen. Daher bietet sie zusätzlich sieben gemütliche Gästezimmer in ihrem barocken Landhaus an.

Insgesamt gibt es jeweils 50 Sitzplätze innen und außen auf der riesigen Gartenterrasse mit dem traumhaften Blick ins Tal.

Traumhafter Blick von der Gartenterrasse ins Rheintal

Ausflugstipp

Gimmeldingen an der Weinstraße, ein klassisches Winzerdorf, ist besonders wegen seines **Mandelblütenfestes** bekannt. Nicht weniger aber durch die *Gimmeldinger Meerspinne*, die weit über Deutschlands Grenzen hinaus ein Begriff ist. Dank des mediterranen Klimas gedeiht hier unbestreitbar ein besonders guter Wein. Ein **Weinlehrpfad am Fürstenweg** bietet Weinliebhabern die Gelegenheit, alles Wissenswerte über die ausgezeichneten Lagen zu erfahren.

Hauptattraktion ist dort die frühe Mandelblüte. Alljährlich verzaubert sie die Alleen in und um Gimmeldingen in ein rosafarbenes Blütenmeer und zieht zahllose Touristen magnetisch an. Das berühmte gleichnamige Fest ist eines der ersten Blütenfeste Deutschlands und immer eine Reise wert.

Hausgeräucherter Saumagen mit getrüffeltem Rahmwirsing und Kartoffel-Kastanienstampf

Saumagen Räuchermehl (in der Metzgerei erhältlich, es soll den Topfboden knapp bedecken) | 720 g Saumagen, küchenfertig, gepellt (in der Metzgerei vorbestellen) | 1 EL Butterschmalz zum Anbraten

Rahmwirsing 1 Wirsing | 250 ml Sahne | Salz, Pfeffer aus der Mühle | Muskat, frisch gerieben | 1 kleines Stück frischen Trüffel

Durch das Abschrecken in Eiswasser behält der Wirsing seine Farbe und bleibt knackig.

Kartoffel-Kastanienstampf 1 kg Kartoffeln, mehlig kochend | 2 Schalotten, geschält | 1 EL Butterschmalz | 200 g Kastanien, geschält (tiefgekühlt erhältlich) | 150 ml Milch | 50 ml Sahne | Salz, Pfeffer aus der Mühle | Muskat, frisch gerieben | 2 EL Butter

Glasierte Kastanien 50 g Kastanien, gekocht | 150 g Zucker | 100 ml Orangensaft

Nach Geschmack frischer Trüffel

■ Für den geräucherten Saumagen einen alten Topf mit Alufolie auslegen und etwas Räuchermehl (aus der Metzgerei) darauf verteilen. Ein Gitter darüberlegen, Deckel schließen und den Topf bei mittlerer Hitze erhitzen. Sobald es zu rauchen beginnt, den Saumagen auf das Gitter legen und den Deckel erneut schließen. Die Hitze leicht reduzieren und das Fleisch 20 Minuten räuchern.
■ Vor dem Servieren den Saumagen in Scheiben je nach gewünschter Dicke schneiden und in einer Pfanne in Butterschmalz von beiden Seiten anbraten.
■ Wirsing ohne Strunk in dünne Streifen schneiden. In kochendem Wasser kurz blanchieren, anschließend in eiskaltem Wasser abschrecken und im Sieb abtropfen lassen.
■ Einen Topf mit Sahne, Salz, Pfeffer aus der Mühle und Muskat aufstellen und den Wirsing darin bei kleiner Hitze garen, bis dieser die gewünschte Konsistenz hat.
■ Für den Kartoffel-Kastanienstampf die Kartoffeln schälen und in Salzwasser garen, danach im Sieb abtropfen lassen und zurück in den Topf geben.

Trüffel ist hier das besondere Etwas bei der klassischen Pfälzer Spezialität

■ Schalotten fein würfeln und in einem Topf in Schmalz glasig anschwitzen, dann die Kastanien hinzugeben, das Ganze mit Milch auffüllen und die Kastanien darin ca. 15 Minuten weich kochen.
■ Die Kastanien zu den Kartoffeln geben und mit einem Stampfer, der Sahne und, falls nötig, etwas mehr Milch zu einem Brei stampfen. Vorsichtig mit Salz, Pfeffer und Muskat abschmecken. Zum Schluss die Butter einrühren.
■ Für die glasierten Kastanien Zucker in einer Pfanne zum Karamellisieren bringen, die gegarten Kastanien unterrühren und vorsichtig mit Orangensaft ablöschen (Achtung: das spritzt!). Bei kleiner Hitze köcheln, bis sich der Karamell aufgelöst hat und die meiste Flüssigkeit verdampft ist.
■ Kartoffel-Kastanienpüree auf Tellern anrichten und die karamellisierten Kastanien mit dem Karamell darüber geben. Den Wirsing dazugeben und etwas frischen Trüffel darüber hobeln. Zum Schluss den gebratenen Saumagen dazulegen und servieren.

TIPP

■ Eine reduzierte Kalbsjus, mit Molegewürz (schokoladig mexikanische Gewürzmischung) abgeschmeckt, passt hervorragend zum Saumagen.

15

Wie die Mutter so die Tochter

Carmen Emrich im Schockelgaul in Forst

Adresse
Zum Schockelgaul
Weinstraße 96
67147 Forst
Telefon: 06326/5669
Website: www.schockelgaul.de

Öffnungszeiten
Mi–Sa 17.00–24:00 Uhr
So 12.00–14:00 Uhr und
17.00–23.00 Uhr
Mo und Di Ruhetag

Hier werden Liebhaber traditioneller Gerichte fündig. Ein weißes Schaukelpferd als Aushängeschild, der „Schockelgaul", lädt die Gäste ein, die hier „so wie früher" genießen können.

Es gibt vielerlei Gründe, sich zu einer Landpartie in die Pfalz aufzumachen. Zum einen ist dieser Landstrich zu jeder Jahreszeit bestechend schön, zum anderen bieten die Weindörfer mit ihren pittoresken Fachwerkhäusern in jedem Winkel neue Überraschungen.

Ein besonders schönes Beispiel ist die Ortschaft Forst. Sogar die pfälzische Weinprinzessin von 2010 stammt von hier. Kommt man von Norden über die Weinstraße nach Forst, grüßt den Reisenden am Ortseingang das nördliche Ungeheuer, eine drachenähnliche Steinskulptur. Eine Bildhauerin schuf dieses Steinbild in Anlehnung an eine kuriose Begebenheit. *Ungeheuer* ist eine der berühmtesten Forster Weinlagen. Reichskanzler Fürst Otto von Bismarck besuchte Ende der 1880er Jahre die Region und prägte nach Genuss des Rieslings das Wortspiel: „Dieses Ungeheuer schmeckt mir ungeheuer."

Seit 30 Jahren ist der *Schockelgaul* – eine Forster Institution – im Besitz der gelernten Hotelfachfrau Carmen Emrich, die hier ihre Gäste bewirtet. Bei der Renovierung beließ sie alles im alten Stil: die hübschen Fliesen im Hausflur genauso wie die alten Dielen im Gastraum. Zwei antike Karussellpferde hängen von der Decke und das Schaukelpferd über dem Tresen im rustikalen Gastraum erweckt Kindheitsträume. Auf den Fensterbänken kleine Holz-Schaukelpferde, meist Geschenke zufriedener Gäste, zeugen von der Sammellust der Wirtin. Eine alte Wanduhr tickt und es stellt sich behagliches Wohlfühlen ein.

Holz-Schaukelpferde, wohin man sieht

Schon die Eltern von Carmen Emrich bewirtschafteten das Gasthaus. Der Vater lieferte das Fleisch aus der eigenen Metzgerei und die Mutter verwöhnte die Gäste mit gutbürgerlichen Gerichten. Als die Tochter das Restaurant von ihrer Mutter übernahm, wollte sie frischen Wind in die Küche bringen. Doch sie hatte die Rechnung ohne ihre Gäste gemacht. Die wollten nämlich weiterhin nach der gleichen alten Speisekarte essen, die sie schon von der Mutter her kannten. Was waren das für Zeiten! Die unprätentiöse Wirtin bezeichnet ihre Gäste im besten Sinne als intolerant: „Die Leute wollen nichts anderes essen und deshalb verändere ich nichts“. Fast 90 Prozent ihrer Gäste sind Stammgäste und bleiben ihr und ihren nostalgischen Gerichten treu. „Ich weiß schon bei der Reservierung, wenn die Leute ihren Namen sagen, was ich zu kochen habe“ sagte sie lachend, nämlich jedem nach seinem Geschmack – entscheidend ist, was auf den Teller kommt! Eine Zusatzkarte mit neuen oder wechselnden Gerichten wäre deshalb unnötig.

Der Schweinerücken fürs „Cordon bleu“ wird mit geschärftem Messer pariert.

Also dominiert weiterhin auf der Speisekarte als Favorit das *„Cordon bleu“* vom Schweinerücken, dicht gefolgt von klassischen *Leberknödeln*. Ebenfalls verlockend sind die *Schweinelende* oder der *Lendenspieß mit Salat*. *Bratwürste mit Kraut* gehören genauso in die Genusskultur wie der Klassiker, das *Rumpsteak mit Zwiebeln oder Knoblauch mit Bratkartoffeln*.

Für den kleinen Hunger findet man alte Käsespezialitäten, wie z. B. den *gebackenen Camembert* oder *Handkäse mit Musik*. Belegte Brote und italienischer Salat als Mahlzeit für zwischendurch lieben die Wanderer, die hier gerne eine Rast einlegen. Nach diesen traditionellen Genüssen rundet ein Eis als Dessert die Speisefolge ab. Und um bei der Tradition zu bleiben: Ein *Schokoladeneis mit Eierlikör und Sahne* sollte eine Sünde wert sein. Beim Weiterwandern werden die Kalorien dann wieder abgearbeitet.

Carmen Emrich verarbeitet nur die besten Zutaten. Dieser Rat ihres Vater hat sich bewährt. Im Service kümmert sich Frau Rieder schon über 15 Jahre um den reibungslosen Ablauf und vertritt die Hausherrin in ihrer Abwesenheit. Drei Helferinnen arbeiten abwechselnd in der Küche mit.

Die im Schockelgaul angebotenen Weine kommen von verschiedenen Weingütern aus Forst und somit von exzellenten Weinlagen. Die Forster Rieslinge genießen Weltruf. Warum also in die Ferne schweifen, wenn das Gute so nah ist?

Dass Carmen Emrichs Konzept aufgeht, bestätigen verschiedene Veröffentlichungen. Im *Mannheimer Morgen* wurde sie als „Köchin mit Leidenschaft“ vorgestellt. Kurz danach kamen neue Gäste, den Artikel in Händen, um bei ihr zu speisen. Im Buch „Genießen unter freiem Himmel“ (75 schöne Restaurants) lautet das Fazit: „Wenn Sie richtig Hunger haben, sind sie hier richtig“. Was gibt es für eine bessere Empfehlung?

Ausgleich von ihrem Alltag im Schockelgaul findet die Wirtin beim Golf spielen. Diesem Sport frönt sie mit einem passablen Handicap und mit gleicher Leidenschaft wie beim Bewirten ihrer Gäste.

Ausflugstipp

Park und Laaf

„In Forst wird gerne eingekehrt.
Der Gast ist hier stets hoch geehrt
drum sei als Autofahrer brav
und halt dich strikt an „Park und Laaf“.
Was soll das ganze Parkgezeter,
zum Wirtshaus sind’s bloß 100 Meter.“
Eine gute Empfehlung an einem Schild in Forst.
Es lohnt sich, den Ort zu Fuß zu entdecken.

Leberknödel

Für 8 Portionen als Beilage

3 altbackene Brötchen | 500 g Schweineleber, durch die feine Scheibe des Fleischwolfs gelassen | 500 g Hackfleisch | 2 Eier | 2 Zwiebeln, geschält | Semmelbrösel | 1 TL Majoran, gehackt | Salz, Pfeffer | 1½ l Fleischbrühe

■ Die Brötchen grob schneiden und in Wasser einweichen. Wenn sie weich sind, die Brötchen ausdrücken und in eine Schüssel geben.
■ Zwiebeln fein hacken, mit den Eiern, der Leber und dem Hackfleisch in die Schüssel geben und vermengen. Die Masse mit Majoran, Salz und Pfeffer würzen. Falls der Teig zu weich ist, etwas Semmelbrösel zugeben, bis er fester wird.
■ Aus dem Teig mit nassen Händen ca. 16 runde Knödel formen, bis zur weiteren Verwendung kalt stellen.
■ Fleischbrühe in einem Topf erhitzen und die Knödel in die kochende Brühe geben. Anschließend bei niedriger Temperatur und geschlossenem Deckel garen, bis die Leberknödel an der Oberfläche schwimmen.
■ Zu den Leberknödeln passt eine Zwiebelsauce, Röstzwiebeln, Weinsauerkraut und Schwarzbrot oder Kartoffelpüree.

„Cordon bleu"

ca. 500 g Schweinerücken | 8 Scheiben Emmentaler Käse | 4 Scheiben gekochter Schinken | Salz, Pfeffer | 1–2 Eier (Größe L) | 1–2 EL Milch | Weckmehl zum Wenden | ca. 4 EL Butterschmalz zum Braten

■ Den Schweinerücken putzen (von Sehnen und Fett befreien) und in 8 dünne Scheiben schneiden. Die Fleischscheiben zusätzlich dünn klopfen, es sollten immer 2 Scheiben die gleiche Größe haben.

■ Emmentaler und Schinken so zuschneiden, dass die Scheiben etwas kleiner sind als das Fleisch.

■ Vier der Fleischscheiben zuerst mit Emmentaler, dann mit gekochtem Schinken und schließlich mit einer zweiten Scheibe Emmentaler belegen. Mit den vier übrigen Fleischscheiben zudecken, die Ränder fest zusammendrücken. Die Cordon bleus von beiden Seiten salzen und pfeffern.

■ Für die Panade 1–2 Eier mit etwas Milch verrühren. Die Corden bleus vorsichtig zuerst in der Eiermilch und dann im Weckmehl wenden. Dabei aufpassen, dass die einzelnen Lagen des Cordon bleus nicht verrutschen.

■ In einer Pfanne Butterschmalz erhitzen und die Cordon bleus bei mittlerer Hitze von beiden Seiten goldgelb und knusprig braten.

■ Als Beilagen passen Bratkartoffeln und ein grüner Salat.

„Cordon bleu" – vorher und nachher

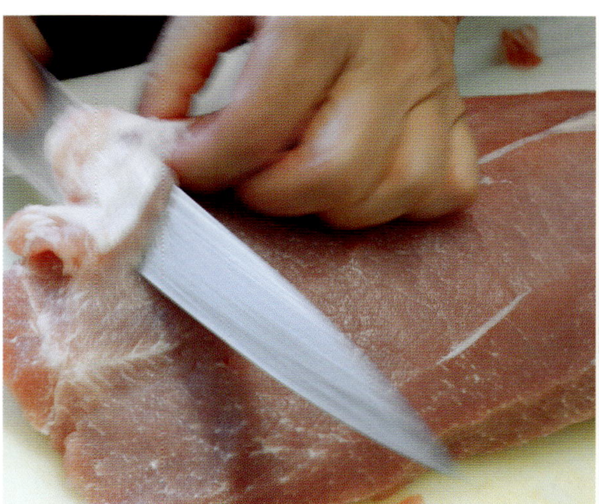

Adresse
Weinstube Petersilie
Römerplatz 12
67098 Bad Dürkheim
Telefon: 06322/4394
Website:
www.weinstube-petersilie.de

Öffnungszeiten
werktags 12.00–15.00 Uhr
und ab 18.00 Uhr
(November–Ende März:
12.00–19.00 Uhr)
Sa und So durchgehend
ab 12.00 Uhr
Mo und Di Ruhetag

16

Die Erfinderinnen

Iris Wittmann und Imke Bruns in der Weinstube Petersilie in Bad Dürkheim

Die Petersilie symbolisiert bodenständigen Genuss und Experimentierfreude, nicht nur in ihrer Küche, wo bekömmliche Pfälzer Gerichte und außergewöhnliche europäische Spezialitäten einander ergänzen, sondern auch bei der Entwicklung neuer Getränke.

Am Rand des Pfälzer Waldes und umgeben von Weinbergen liegt die Kur- und Weinstadt Bad Dürkheim mit ihren vielen historischen und kulturellen Sehenswürdigkeiten. Und hier – etwas versteckt inmitten der Altstadt – findet man die Weinstube Petersilie, die engagiert von den beiden Wirtinnen geführt wird. Die beiden lernten sich bereits im ersten Semester ihres Studiums der Ökotrophologie kennen und seit 25 Jahren kochen sie gleichberechtigt zusammen. Dabei zeichnet Iris Wittmann als „Chef de Service" stets mit unverwechselbar eigener Handschrift für die Auswahl der Rezepte, und Imke Bruns als „Chef de Cuisine" ist vor allem für die Umsetzung verantwortlich.

Seit 2005 gibt es die *Petersilie* in Bad Dürkheim. Den Namen des Restaurants nehmen die beiden bereits seit 15 Jahren überallhin mit, wo auch immer sie zuvor ein Restaurant führten. Der Name steht für Authentizität und lässt sofort Rückschlüsse auf die bodenständige Küche zu, denn die Petersilie ist ein Kraut, das ihrer Meinung nach jedem Gericht die besondere Note gibt.

Auf der Speisekarte findet man „vunn allem ebbes", vor allem deftige, aber leicht und bekömmlich zubereitete Kost aus der Pfälzer Küche, natürlich aus frischen Zutaten. Doch auch europäische Spezialitäten werden angeboten, wie zum Beispiel die *Vegetarische Gemüselasagne in Gorgonzolarahm.* Das Lieblingsrezept beider Köchinnen liest sich ebenfalls verlockend, ein *Seezungenfilet mit frischen Nordseekutterkrabben und Zitronenhollandaiseschaum*, dazu ein *Pistazien-Risotto mit frischem Dill.* Für Ab-

Die gemütliche Weinstube

wechslung ist immer gesorgt: Neben der monatlich wechselnden Standardkarte weist eine große Schiefertafel noch täglich drei neue Gerichte aus und es gibt jahresabhängige Sonderaktionen, wie z. B. *Oldenburger Grünkohl mit Pinkel* oder *Oppauer Dampfnudeln mit Weinsauce* und *Kartoffelsuppe*. Eine Besonderheit ist Iris Wittmanns Kreation, ein *Pfälzer Kartoffelcappuccino*.

Die Landhausküche wurde mittlerweile mehrfach ausgezeichnet. Unter anderem mit der Goldmedaille beim internationalen Saumagenwettbewerb 2006. Als erste und einzige Frau erhielt Iris Wittmann für ihren *Saumagen* die Ehrung der „Confrérie des Chevaliers du Goûte-Andouille", eine hohe Auszeichnung in der Fachwelt. Internationale Juroren prüfen die Produkte „auf Herz und Nieren" und die Messlatte hängt hoch.

„Vun allem ebbes" – und im Regal der prämiierte Saumagen zum Mitnehmen

Zum guten Essen werden Pfälzer Weine aus der Region gereicht. Die Auswahl wird immer neu auf die Speisekarte abgestimmt. Es gibt aber auch eine ganz besondere alkoholfreie Alternative. Denn Iris Wittmann, die sich auch als Produktentwicklerin versteht, kreierte in einjähriger Forschungsarbeit *Traubona*, eine alkoholfreie Schorle, die frei von jeglichen Zusatz- und Konservierungsstoffen aus der Frucht reifer Trauben und erfrischenden Zitrusaromen hergestellt wird.

Eine Anekdote zum Abschluss: Einem störrischen Kind, das „Pommes" verlangte, wurden die Bratkartoffeln als Beilage, durch den erfrischenden Humor der Wirtin schmackhaft gemacht: „Bei mir sind die Pommes frites in runde Scheiben geschnitten". Das Kind war zufrieden, das Problem gelöst!

In der wärmeren Jahreszeit wird das Essen auch draußen auf dem malerischen Römerplatz serviert. Der Gast beobachtet die tägliche Geschäftigkeit der Kleinstadt und die Touristen, die durch das historische Viertel schlendern wie „in der ersten Reihe".

Alle Angestellten der rustikalen und ländlich anmutenden Weinstube sind weiblich. Auch Lucie, die Hündin. Mit weiblicher Gelassenheit teilt sie sich ihr Körbchen mit den einzigen männlichen Ausnahmen, den beiden Katern Lancelot und Ludwig.

Ausflugstipp

Die Wirtinnen empfehlen wärmstens den Besuch der **Bad Dürkheimer Saline,** eines Wahrzeichens der Kurstadt. Bereits zweimal wurde das Gradierwerk durch Brandstiftung zerstört und erst 2010 wieder eröffnet. In der bis zu 18 Meter hohen Anlage sind

Knusprige Blutwurst auf Pfälzer Kartoffelsuppe

ca. 250.000 Reisigbündel aufgeschichtet. Hierüber rieselt Salzwasser aus einer Heilquelle und verdunstet. Die salzhaltige Luft wirkt positiv auf Lunge und Bronchien. Im Sommer ist durch die Verdunstung die Luft zusätzlich angenehm gekühlt (weitere Informationen auf www.bad-duerkheim.com).

Pfälzer Kartoffelsuppe mit Blutwurst-Carpaccio

Für 6 Portionen als Hauptgang

Suppe 1½ kg Kartoffeln | 500 g Karotten | 100 g Zwiebeln | 150 g Lauch | 1,2 l Gemüsebrühe | 5 g Salz | 10 g frischer Liebstöckel, nur die Blättchen | 3 g weißer Pfeffer | 10 g frischer Majoran, nur die Blättchen | 50 ml Sahne | Schalenabrieb von ½ unbehandelten Bio-Zitrone | Salz, Pfeffer | ⅓ TL Muskatnuss, frisch gerieben

Carpaccio 1 Pfälzer Griebenwurst (Blutwurst), ca. 200 g

■ Für die Suppe Kartoffeln und Gemüse putzen und schälen, den Lauch waschen. Alles Gemüse klein schneiden.
■ Gemüse mit den restlichen Suppenzutaten – bis auf Salz, Pfeffer und Muskatnuss – in einem Topf ca. 30 Minuten weich kochen, danach im Mixer pürieren.
■ Die Suppe mit Salz und Pfeffer nach Geschmack würzen, zum Schluss Muskatnuss unterrühren.
■ Blutwurst in dünne Scheiben schneiden und in einer Pfanne von beiden Seiten ohne Fett kross rösten. Auf Küchenpapier abtropfen lassen und warm halten.
■ Die Suppe in tiefen Tellern anrichten und die heißen, knusprigen Blutwurstscheiben auflegen.

Pfälzer Saumagen

Für 6–8 Portionen

1 frischer Saumagen, nicht zu groß, beim Hausmetzger vorbestellen (evtl. vom Ferkel) | Wurstkordel zum Zubinden

Füllung 150 g magerer Schweinebauch, in Würfel geschnitten | 250 g Schweinemett | 200 g Kartoffeln, blanchiert und in kleine Würfel geschnitten | 250 g Schweinekamm, in Würfel geschnitten | 4 Eier | 2–3 Brötchen vom Vortag, eingeweicht und ausgedrückt | 3 EL frische Petersilie, gehackt | Salz, Pfeffer | 1 TL frischer Majoran, gehackt

■ Alle Zutaten für die Füllung miteinander vermischen, die Masse fein abschmecken und ca. 1 Stunde im Kühlschrank ziehen lassen.
■ Den geputzten Schweinemagen mit der Masse füllen, dabei nicht zu prall stopfen, da er sonst beim Sieden platzen könnte. Die Magenöffnungen mit einer Wurstkordel zubinden und den Saumagen in siedendem Salzwasser ca. 3 Stunden garen.

TIPPS

■ Die Gelegenheit, den Saumagen frisch aus dem Kessel auf den Teller zu bringen, bietet sich nicht oft. Als Abwandlung kann der gegarte Saumagen direkt vom Kessel in den Backofen gegeben werden, mit Butter bepinselt und bei 180–200 °C ca. eine halbe Stunde knusprig gebräunt werden (dabei immer wieder mit Butter bepinseln).
■ Die häufigste Art der Zubereitung sind 2 cm dicke Scheiben vom Pfälzer Saumagen, in einer Pfanne von beiden Seiten in Butter gebraten.
■ Traditionell reicht der Pfälzer zu seinem geliebten Saumagen Sauerkraut und frisches Bauernbrot oder Kartoffelpüree.
■ Als Getränk bietet sich immer ein Gläschen trockener Pfälzer Weißwein an.

Unten knusprig, oben hell und zart – die klassische Dampfnudel aus der Pfalz

Dampfnudeln mit Weinsauce

Dampfnudeln 250 g Weizenmehl, Type 405 | 125 ml Vollmilch von glücklichen Kühen | 20 g frische Hefe | 1 Landei von glücklichen Hühnern (entspricht Größe S) | 50 g Butter | 1 Prise Salz | 20 g Zucker | 80 g Butter zum Braten

Weinsauce 250 ml trockener Riesling | 20 g Weizenmehl, Type 405 | 1 Vanillestange | 100 ml Eierlikör | 50 g Zucker | 100 ml Sahne

■ Für die Dampfnudeln alle Zutaten bei Raumtemperatur miteinander vermengen, dabei das Salz nicht direkt auf die Hefe geben, sondern vom Rand aus in die Masse einarbeiten. Den Teig solange kneten, bis er vom Löffel fällt. Danach mit einem Tuch bedeckt ca. 40 Minuten bei Raumtemperatur gehen lassen.
■ Kleine Dampfnudeln formen, diese nochmals 10 Minuten gehen lassen.
■ In einer Pfanne die Butter aufschäumen, die Dampfnudeln einlegen, die Pfanne mit einem Deckel abdecken und die Dampfnudel an der unteren Seite knusprig braun ausbacken. Deckel vorsichtig abheben, damit dabei keine Wassertropfen in die Pfanne kommen, die Dampfnudeln wenden und auf der anderen Seite nur noch leicht anbacken.
■ Für die Weinsauce Weißwein mit durchgesiebtem Mehl in einem Kochtopf mit dem Schneebesen verrühren, aufgeschnittene Vanillestange, Eierlikör, Zucker und Sahne zugeben und zum Kochen bringen. Etwa 10 Minuten köcheln, dabei immer wieder umrühren. Die Sauce zum Schluss durch ein Sieb passieren.
■ Die Dampfnudeln trennen und sofort mit der heißen Weinsauce servieren.

TIPP

■ Ein echter Hauptgericht-Klassiker in der Pfalz ist Kartoffelsuppe mit hausgemachten Dampfnudeln, wie Oma sie noch kannte, dazu original Pfälzer Weinsauce. Lassen Sie es sich schmecken!

17

Die Märchenliebhaberinnen

Lilo Glauner und Andrea Siegel im Restaurant 7 Raben in Bad Dürkheim

Adresse
Restaurant 7 Raben
Ehemalige Sommerresidenz der Fürsten zu Leiningen
Jägertal 8/B 37
67098 Bad Dürkheim
Telefon und Fax: 06329/1724
E-Mail: info@sieben-raben.de
Website: www.sieben-raben.de

Öffnungszeiten
Di–Fr ab 17.00 Uhr
Sa, So und feiertags ab 11.30 Uhr
Mo Ruhetag

Mitten im Naturschutzgebiet des Pfälzer Waldes liegt im malerisch gelegenen Jägertal das ehemalige Jagdschloss der Fürsten zu Leiningen. Hauptsächlich als Sommerresidenz genutzt, war es früher – und ist es bis heute – ein wirklich schöner Fleck zum Residieren! Heute wird hinter diesen Mauern märchenhaft gut gekocht.

Bereits auf dem Parkplatz erkennt man auf den Fensterscheiben des schmucken Domizils stilisierte Raben, und Raben begegnen dem Besucher noch öfter während des Aufenthaltes in dem Restaurant. Im Eingangsbereich ruhen auf dem alten, noch mit gusseisernen Kerzenhaltern ausgestatteten Klavier ebenfalls Raben, jedoch in ausgestopfter Ausfertigung. Der Name des Restaurants, nach dem Märchen der Gebrüder Grimm „Die sieben Raben", ist ein Hinweis auf die Neigung der beiden Wirtinnen zu Märchen und auf die versteckte Lage des Jagdschlosses. Das gemütliche Restaurant mit dem urigen Kachelofen ist mit Liebe und Phantasie eingerichtet. Die Tische stehen nicht zu dicht beieinander und bieten Raum für den Gast. Ganz anders ein zweiter kleinerer Raum. An den Wänden hängen niedliche Kinderfotos in Schwarz/Weiß. Sie zeigen alle Angestellten, die hier einmal gekocht, bedient, geputzt oder organisiert haben. Eine kleine Galerie, die viel über das gute Klima im Haus aussagt.

Die Köchin Lilo Glauner führt mit spürbarer Lust in der Küche die Regie. „Schon als Kind war ich ständig bei meiner Großmutter in der Küche, sah ihr zu und wollte ihr helfen. Sie war meine Lehrmeisterin. Noch heute schmore ich in dem von ihr geerbten gusseisernen Bräter", erzählt sie. Auffallend auch bei ihr die Liebe zum Detail. Auf der stilgerechten Kochjacke prangen rote Paprikas als

Frische Blumen aus dem eigenen Garten sind überall im Haus zu finden

Knöpfe, was auf ihre Affinität zu diesem feurigen Gewürz hindeuten könnte. Andrea Siegel hält tatkräftig im Service die Zügel fest in der Hand und betreut formvollendet die Gäste.

Die Speisekarte bietet saisonale Pfälzer Küche an, „aber keine langweilige", wie die beiden Wirtinnen bemerken. Die *Nierchen nach Dürkheimer Art* werden in Rotwein zubereitet und auch die *Rehkeule* kommt ohne *Dornfelder* nicht aus. Unter *Ochsefetze* verbirgt sich Rindfleisch, zu dem Rosmarinkartoffeln gereicht werden. *Mit Blattspinat und Schafskäse gefüllte Pasteten* locken als Vorspeise nicht nur den Vegetarier, der hier voll auf seine Kosten kommt. Spezialitäten aus dem nahe gelegenen Elsass werden ebenfalls angeboten. Zeitweilig geht sogar die afrikanische Küche eine amüsante Symbiose mit der asiatischen Küche ein. Aus dem Senegal kommt das Rezept *Lamm in Erdnusssauce mit Basmatireis.*

Die Holztische im gemütlichen Restaurant, geziert von schwarzen Raben

Auch Allergiker sind in diesem Restaurant gut aufgehoben. Selbstverständlich kann man hier auch laktosefrei essen.

Die meisten Zutaten kommen aus der Region. Darauf legen die Wirtinnen besonderen Wert. Das Wild stammt aus dem Biosphärenreservat Pfälzer Wald. Ihren Wein wiederum beziehen die Märchenliebhaberinnen von der Winzergenossenschaft Bad Dürkheim, aber auch von der „Lebenshilfe", einer Initiative für Behinderte, die ökologischen Weinbau betreibt. Für den Bierliebhaber sind viele Sorten im Ausschank. Ob Wein oder Bier, sobald die Tage länger werden und die Temperaturen steigen, lässt man es sich im malerischen Hofgarten oder auf der überdachten Terrasse gut gehen.

Raben, hier als steinerne Wächter des Hauses

Eine besondere Geste für die Gäste ist das Angebot „Essen Sie, was Sie wollen!". Da dürfen sie spezielle Speisewünsche äußern. Diese Gerichte stehen dann eine Woche lang mit auf der Karte. Der Gast wird entsprechend informiert und kann in dieser Woche, so oft er mag, sein Leibgericht verspeisen.

Die Lieblingsrezepte der beiden Wirtinnen sind zum einen die *Korsische Fischsuppe* – Lilo Glauner verbrachte einige Zeit auf Korsika – und zum anderen, ins Jagdschloss passend, ein *Wildschweinbraten mit Knödeln und Rotkohl.* Als süße Verführung wäre das *Kürbiskern-Krokanteis mit Pflaumen* ein wunderbarer Abschluss finden beide. Nach der Devise des Hauses *Essen ist eine Belohnung* lässt man sich hier gerne belohnen.

Zum Glück muss man nicht sofort abreisen: Im märchenhaften Ambiente von Sonne-, Mond- oder Sternenzimmer lässt es sich märchenhaft schlafen …

Ausflugstipp

Nach dem Essen kann man auf einem gut ausgebauten Wander- und Fahrradweg den **Isenach Weiher** besuchen, einen historischen Fleck, entstanden durch den wohl ältesten Staudamm Deutschlands. Er ist 17.850 m^2 groß und maximal 8 m tief. Man kann bis auf den Grund sehen, da wegen des stark beschatteten Ufers nur wenige Wasserpflanzen die Sicht trüben, und eine beträchtliche Vielfalt an Fischen, aber auch Krebse, Frösche, Molche und Wasserinsekten beobachten. Zahlreiche Vogelarten, sogar die seltene Wasseramsel, nisten in der Umgebung.

Rehkeule in Dornfeldersauce

Für 4–6 Portionen

Rehkeule 2½ kg Rehkeule mit Knochen | 2 Zweige Rosmarin | 2 Stängel Thymian | 2 Lorbeerblätter | 1 Msp gemahlener Piment | 1 TL gemahlene Koriandersaat | 3 EL flüssiger Honig

Sauce 1 Gemüsezwiebel | 2 Möhren | 200 g Knollensellerie | 1 Stange Lauch | 2 EL Butterschmalz zum Anbraten | 1 EL Tomatenmark | 500 ml Dornfelder | 6 EL Balsamico | 3 EL Preiselbeeren | 400 ml Wasser | Salz | schwarzer Pfeffer aus der Mühle | 2 EL Speisestärke oder kalte Butter

■ Die Rehkeule am Vortag mit kaltem Wasser abspülen und mit Küchenpapier trocken tupfen.
■ Vom Rosmarin die Nadeln und vom Thymian die Blättchen zupfen, beides klein schneiden, die Lorbeerblätter in kleine Stücke brechen. Die Kräuter mit Koriander und Piment unter den Honig rühren, die Rehkeule rundum damit bestreichen und in einen Gefrierbeutel geben. Den Beutel verschließen, die Rehkeule über Nacht kalt stellen und durchziehen lassen.
■ Den Backofen auf 180 °C (165 °C Umluft) vorheizen.
■ Gemüsezwiebel schälen, Möhren, Sellerie und Lauch putzen und alles klein schneiden. Butterschmalz in einem Bräter erhitzen, das Gemüse unter Rühren darin anbraten. Tomatenmark zugeben und anrösten, mit der Hälfte des Rotweins und mit Balsamico ablöschen. Das Ganze aufkochen und die Flüssigkeit reduzieren. Restlichen Rotwein mit 2 EL Preiselbeeren dazugeben.
■ Die Rehkeule aus dem Beutel nehmen, mit Salz und Pfeffer bestreuen und auf das Gemüse legen. Die Hälfte des Wassers angießen und den Braten in den vorgeheizten Backofen schieben.
■ Verdampfte Flüssigkeit nach und nach mit dem restlichen Wasser ersetzen. Wenn die Rehkeule eine Kerntemperatur von 80 °C erreicht hat (nach ca. 2 Stunden), das Fleisch aus dem Bräter nehmen, mit Folie bedecken und warm stellen.
■ Bratenfond durch ein Sieb abgießen und etwas einkochen. Die restlichen Preiselbeeren unterrühren, mit Salz und Pfeffer und eventuell etwas Wild-Gewürzmischung abschmecken. Zum Bin-

TIPP

■ Ersatz für Piment und Koriander: eine chinesische 5-Gewürze-Mischung.

Rehkeule mit „Schneebällcher"- und „Hoorichen"-Begleitung

den des Fonds Speisestärke mit etwas Wasser anrühren und in die Sauce geben oder kalte Butter in kleinen Stücken unterrühren.
■ Knochen aus der Rehkeule lösen und das Fleisch in Scheiben schneiden; den dabei austretenden Fleischsaft zur Sauce geben.

„Schneebällcher"

1½ kg Kartoffeln, mehlig kochend | 1 Zwiebel | 2 EL frische Petersilienblättchen, gehackt | 1 TL frischer Majoran, gehackt | Butterschmalz | 3 Eier (Größe M) | 100 g Weizenmehl, Type 405 | 1 EL Salz

■ Die Kartoffeln bereits am Vortag in der Schale kochen und pellen. Tags darauf die Kartoffeln reiben oder durch den Fleischwolf drehen.
■ Die Zwiebel schälen und in feine Würfel schneiden. Mit den gehackten Kräutern in heißem Butterschmalz anschwitzen.
■ Zusammen mit den restlichen Zutaten zu den Kartoffeln geben und alles zu einem Teig kneten. Mit befeuchteten Händen aus dem Teig einen Probekloß (etwa in Tennisballgröße) formen und diesen vorab in siedendem Salzwasser garen. Ist der Kartoffelteig zu feucht, noch etwas mehr Mehl unterkneten.
■ Nun die übrigen Klöße formen und in schwach kochendem Salzwasser 10 Minuten ziehen lassen.
■ Wenn die „Schneebällcher" oben schwimmen, die Klöße mit dem Schaumlöffel herausnehmen und auf einer vorgeheizten Platte anrichten.

TIPP
■ Kartoffelklöße vor dem Servieren mit flüssiger Butter begießen.

„Hooriche"

1½ kg rohe Kartoffeln, mehlig kochend | 750 g gekochte Kartoffeln, mehlig kochend | 2 Eier (Größe M) | 1 EL Weizenmehl, Type 405 | Salz

■ Die rohen Kartoffeln schälen und fein reiben. Die Masse in ein Tuch geben und auspressen, dabei den Saft auffangen und setzen lassen.

■ Die ausgepressten Kartoffeln in eine Schüssel geben. Eier, Mehl und etwas Salz zugeben.

■ Das Kartoffelwasser vorsichtig abgießen, so dass nur die Kartoffelstärke übrig bleibt. Diese zu den Kartoffeln geben, dann die geschälten, gekochten Kartoffeln durch die Presse drücken und alles gut zu einem Teig verkneten.

■ Knödel ungefähr tennisballgroß formen und in einen großen Topf mit kochendem Salzwasser legen. Wenn die Knödel aufsteigen, noch 10 Minuten bei niedriger Hitze ziehen lassen.

Kürbiskern-Krokant-Parfait mit Cassissauce

Parfait 100 g Kürbiskerne | 100 g Zucker | 3 Eigelbe | 60 g Puderzucker | 400 ml Sahne | 2½ EL Kürbiskernöl

Sauce 10 cl Johannisbeersaft | 10 cl Cassis (schwarzer Johannisbeerlikör) | 1 TL Speisestärke

■ Die Kürbiskerne in einer Pfanne ohne Fett rösten. Den Zucker bei mäßiger Hitze in einer zweiten Pfanne goldbraun karamellisieren, die heißen Kürbiskerne dazugeben und kurz glasieren. Die karamellisierten Kürbiskerne auf ein Backpapier geben und abkühlen lassen.

■ Die Eigelbe mit dem Puderzucker in einer Schüssel über einem heißen Wasserbad cremig aufschlagen. Danach die Schüssel in Eiswasser stellen und die Eigelbmasse wieder kalt schlagen.

■ Den erkalteten Kürbiskrokant grob zerstoßen und eine kleine Menge für die Dekoration beiseite legen. Krokant in der Küchenmaschine kurz anmixen und in die kalt geschlagene Eigelbmasse rühren.

■ Die Sahne steif schlagen und mit dem Kürbiskernöl unter die Eigelbmasse heben.

■ Eine Terrinenform (ca. 1 l Inhalt) mit Frischhaltefolie auskleiden, die Parfaitmasse hineinfüllen und das Parfait mindestens 5 Stunden gefrieren lassen.

■ Für die Sauce die Speisestärke mit 1–2 EL kaltem Saft glatt rühren. Saft mit Cassis in einem Topf aufkochen, angerührte Speisestärke mit einem Schneebesen einrühren, nochmals kurz aufkochen und damit binden.

■ Das Parfait stürzen, in Scheiben schneiden und mit Cassissauce und frischen Beeren der Saison auf Tellern anrichten und servieren.

TIPP

■ Eine rote Grütze aus frischen Beeren der Saison passt immer zu diesem knusprigen Eisgenuss. Wer's weniger knusprig mag, mahlt den Krokant in der Küchenmaschine nach Geschmack feiner.

18

Mit Pinseln und Pistolen

Sandra Rothaug und Sabrina Gerhardt in der Klosterschänke in Altleiningen

Adresse
Klosterschänke
Höninger Hauptstraße 27
67317 Altleiningen/Höningen
Telefon/Fax: 06356/989938
E-Mail: info@klosterschaenke-hoeningen.de
Website: www.klosterschaenke-hoeningen.de

Öffnungszeiten
täglich 11.30–21.00 Uhr
Mo und Do Ruhetag (außer an Feiertagen)

In dieser Schänke trifft man auf zwei kochende Frauen mit besonderen Hobbys. Die Eigentümerin malt und ihre Bilder schmücken die Gaststube. Und die Köchin ist Mitglied im Schützenverein und kann mit Pistolen ebenso gut umgehen wie mit Kochlöffeln und Schneebesen.

Inmitten des Pfälzer Waldes liegt die Klosterschänke, die mit dem Prädikat „das gastliche Haus“ ausgezeichnet wurde. Den Namen verdankt sie der alten Klosteranlage aus dem Jahr 1120, und direkt unter dem historischen Eingangsportal der ehemaligen Klosterkirche gelangt man in den kleinen Innenhof, der bei gutem Wetter reichlich Platz für die vielen Wanderer aus der nahen Umgebung bietet – drinnen wie draußen.

Klösterliches Ambiente

Lassen Sie sich durch das ungewöhnliche Hobby der jungen Köchin Sabrina Gerhardt nicht irritieren – auch in der Küche der traditionsreichen Klosterschänke trifft sie sicher ins Ziel. Bereits mit 27 Jahren übernahm sie hier das Regiment als Küchenchefin. Für ihre Berufswahl brachte sie gute Voraussetzungen mit, denn ihre Großeltern hatten eine Wirtschaft und ihre Oma war ebenfalls gelernte Köchin.

Ihr persönliches Vorbild ist allerdings Johann Lafer, „weil er mit Herz kocht“. Und in dieser Weiberwirtschaft wird wahrlich ebenfalls mit Herz gekocht.

Während das Wanderpublikum die kreative Küche sehr schätzt, mussten die Stammgäste erst nach und nach von neuen Vorschlägen überzeugt werden.

Selbst ihre Chefin, die Inhaberin Sandra Rothaug, ließ sich zunächst nur zögernd auf die neuen, ungewöhnlichen Rezeptvorschläge ein. Schließlich war ihr Gasthaus zuvor vor allem für seine preiswerte, gutbürgerliche Küche bekannt gewesen.

Doch die überwältigende positive Resonanz der Gäste ließ letzte Zweifel schmelzen. Die Überzeugungsarbeit hat sich gelohnt. Heute findet man neben traditionellen Pfälzer Gerichten auch ausgefallenere Kreationen, wie beispielsweise *Wildmaultaschen*. Sandra Rothaug, die ebenfalls gerne kocht, verwöhnt ihre Gäste mit den guten alten *Dampfnudeln*, wahlweise mit Wein- oder Vanillesoße. Die Gerichte haben keine hochtrabenden Namen. Es gibt kein „in, an, auf". Hier wird ohne „wenn" und „aber" gekocht!

Ganz egal, wonach es einen gerade gelüstet, die Zutaten für die saisonale Küche sind immer frisch. Das Wild liefert der Jäger aus dem angrenzenden Höningerwald, die Weine kommen fast alle aus dem nahe gelegenen Wachenheim. Hier gibt es allerdings etliche Zukunftspläne, denn beide Frauen wollen das Weinangebot ausbauen und weiterhin eigene Spezialitäten entwickeln. So können die Gäste auch in Zukunft durchaus immer wieder mit Neuigkeiten rechnen.

Wer sich nach üppigem Mahl oder mit müden Beinen nicht mehr auf den Heimweg begeben will, kann in einem der drei bisher vorhandenen Fremdenzimmer übernachten. Auch hier denken die beiden über eine Weiterentwicklung nach.

Ausflugstipp

Von der Klosterschänke aus bieten sich ausgedehnte Spaziergänge in den Pfälzer Wald an. Für den geübten Wanderer hat der spektakuläre **Drei-Burgen-Wanderweg** einen besonderen Reiz. Für die 22 km, vorbei an den Burgen Altleiningen, Neuleinigen und Battenberg benötigt man allerdings passendes und verlässliches Schuhwerk! Informationen über diesen und weitere Wander- und Spazierwege bekommt man auf www.wanderportal-pfalz.de.

Gestreifte Wildmaultaschen mit Speck-Rahm-Wirsing

Für 6 Portionen

Nudelteig 800 g Spätzle- und Pastamehl (mit 15% Hartweizengrieß-anteil) | 8 Eier (Größe M) | 50 ml Wasser | Olivenöl | Salz | 1–2 EL konzentriertes Tomatenmark | 2 l Fleischbrühe

Füllung 1 altbackenes Brötchen | 100 ml lauwarme Milch | 100 g durchwachsener Speck | 3 Schalotten | 2 Knoblauchzehen | 2 EL Butter | 500 g Wildhackfleisch | 1 Ei | 1 TL Senf | Wildgewürz (Thymian, Majoran, Liebstöckel, Piment, Wacholderbeeren und Rosmarin, gehackt und im Mörser zerstoßen) | Salz, Pfeffer aus der Mühle | 20 ml Cognac

1 Eiweiß, verquirlt | Butter zum Schwenken

Rahm-Wirsing 800 g Wirsing | 20 g Butterschmalz | 100 g Speckwürfel | Salz, Pfeffer | Muskat, frisch gerieben | 200 ml Sahne | 100 ml Wildfond

Röstzwiebeln 2 Gemüsezwiebeln | Mehl zum Wenden | Öl zum Frittieren

So entstehen gestreifte Maultaschen ...

■ Für den Nudelteig die Hälfte des Mehls mit vier Eiern, Wasser, etwas Olivenöl und Salz in einer Küchenmaschine mit Knethaken zu einem glatten Teig verarbeiten. Je nach Konsistenz des Teiges gegebenenfalls etwas mehr Mehl oder kaltes Wasser zugeben.
■ Für den roten Nudelteig das restliche Mehl mit den Eiern, Tomatenmark, Wasser, etwas Olivenöl und Salz ebenfalls zu einem Teig verkneten.
■ Beide Teigsorten mit Folie bedecken und 1 Stunde im Kühlschrank ruhen lassen.
■ Den roten und den weißen Nudelteig mit etwas Mehl bestäuben und nacheinander mehrfach durch die Nudelmaschine drehen.
■ Den roten Teig zu Streifen (Tagliatelle) verarbeiten, dann die Streifen mit etwas Abstand auf die weiße Nudelbahn legen. Die so versehene Teigplatte noch einmal durch die Pastamaschine drehen, um ihm Festigkeit zu geben. Teig mit der roten Seite nach unten auf der Arbeitsfläche legen.
■ Für die Füllung das Brötchen entrinden und klein würfeln. Milch darübergießen und die Brötchenwürfel 10 Minuten ziehen lassen.
■ Speck fein würfeln. Schalotten und Knoblauch schälen und ebenfalls in kleine Würfel schneiden. Butter in einer Pfanne erhitzen. Speck, Schalotten und Knoblauch darin andünsten. Anschließend etwas abkühlen lassen.

■ Wildhackfleisch mit der Zwiebelmischung, dem Ei, Senf und dem eingeweichten, ausgedrückten Brötchen in eine Schüssel geben. Alles gut vermengen, mit Wildgewürz, Salz und Pfeffer würzen und mit Cognac aromatisieren.
■ Die vorbereitete Füllung in einen Spritzbeutel füllen und der Länge nach Portionen auf die Mitte des Nudelteiges dressieren. Die Ränder und Zwischenräume mit Eiweiß bepinseln, dann den Teig überklappen und um die Füllung herum andrücken. Mit einem Holzlöffel die Maultaschen in gewünschter Größe portionieren.
■ Fleischbrühe zum Kochen bringen. Die Maultaschen einlegen, die Hitze etwas reduzieren und Maultaschen im offenen Topf etwa zehn Minuten garziehen lassen, bis sie an die Oberfläche steigen. Die Maultaschen abtropfen lassen und kurz in einer Pfanne mit Butter schwenken.
■ Für die Beilage den Wirsing von den äußeren Blättern befreien, den Rest in feine Streifen schneiden, kalt abspülen und danach in einer Salatschleuder trocknen.
■ Butterschmalz in einer Pfanne erhitzen, Wirsing mit Speckwürfeln darin andünsten, bis er leicht Farbe nimmt. Mit Salz, Pfeffer und Muskat würzen. Sahne und Wildfond dazu gießen und 5–8 Minuten köcheln.
■ Zwiebeln schälen, in Ringe schneiden, in Mehl wenden und in einer Pfanne mit Öl frittieren. Zwiebelringe aus dem Fett heben auf einem Küchenpapier abtropfen lassen.
■ Den Wirsing auf Tellern anrichten, die Maultaschen darauf setzen und mit heißen Röstzwiebelringen belegen.

... in sorgfältiger Handarbeit.

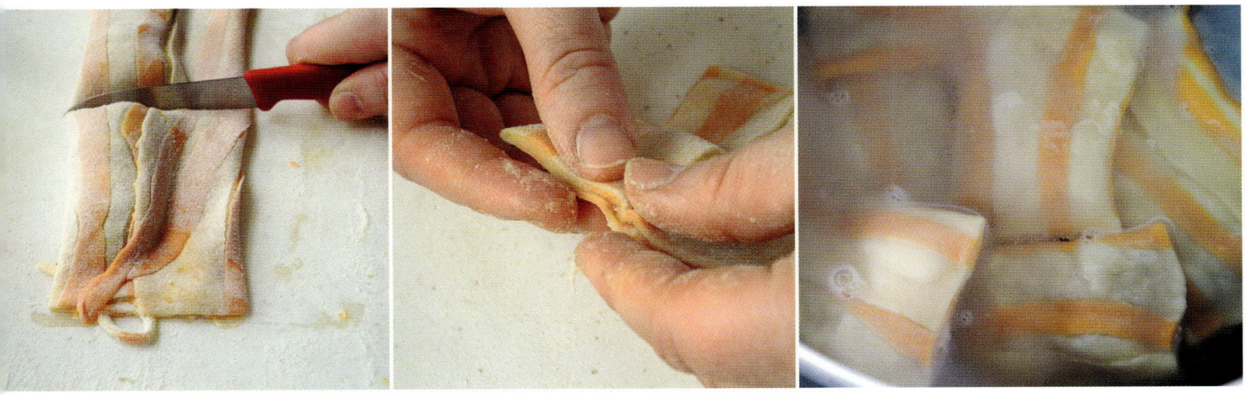

19

Köchin von Kindesbeinen an

Galina Cott
im Restaurant Pfälzer Hof in Weisenheim

Adresse
Restaurant Pfälzer Hof
Dr. Welte-Str. 2
67256 Weisenheim am Sand
Telefon: 06353/959430
Fax: 06353/5080315
Website:
www.pfaelzerhof-weisenheim.de

Öffnungszeiten
Mo–Sa ab 18.00 Uhr
So und feiertags ab 11.30 Uhr
Mi und Do Ruhetag

In der Vorderpfalz und mitten im Ort steht das Rathaus aus der Jahrhundertwende. Im ersten Stock werden Amtsgeschäfte getätigt, doch im Erdgeschoss geschieht Ungewöhnliches: Ein überaus schönes Restaurant lädt zum genüsslichen Verweilen ein.

„Gediegen, aber nicht gedeckt, elegant, aber nicht steif" – das ist das Motto von Galina und Holger Cott, die in Weisenheim ihre Gäste mit spannenden Feinschmeckereien verwöhnen. Feines Geschirr und edle Gläser, aufeinander abgestimmte Tischwäsche und Blumen zeigen auf den ersten Blick: Hier hat jemand mit viel Geschmack und dem Blick fürs Detail etwas Besonderes geschaffen.

Schon als Kind wünschte sich die in Kasachstan geborene Köchin nicht Spielzeug, sondern Kochtöpfe. Ihre Großmutter war ihre erste Lehrmeisterin und zusammen kochten sie: Großmutter für die Familie, Galina in ihren kleinen Töpfen für die Puppen. Im zarten Alter von 11 sprang sie für ihre kranke Großmutter bei der Verpflegung der Familie ein. Zuerst brachte sie die erlernten Eintöpfe auf den Tisch, aber dann brachte sie beim Würzen schon die eigenen Ideen ein. Trotz anfänglicher kleiner Pannen, wie übergekochten Töpfen, werkelte sie weiter mit Hingabe in der Küche.

Als Galina 16 Jahre war, zog die Familie nach Deutschland. Nun konnte sie ihren Traum erfüllen und mit einer Ausbildung zur Köchin beginnen. Nach Ende der Lehre und einigen Stationen als Köchin traf sie in einem Hotel am Niederrhein auf ihren Ehemann, der dort als Restaurantleiter arbeitete. Nach vier gemeinsamen Jahren in Küche und Service wagten sie die Selbstständigkeit.

Ein Winzer aus Weisenheim, den beide als Lieferanten kannten, gab ihnen den Hinweis, dass der Pfälzer Hof zu verpachten sei.

Liebe zum Detail

Kurzerhand reisten sie in die Pfalz und ihr Wunsch wurde Wirklichkeit. Vier Monate später eröffneten sie ihr erstes gemeinsames Restaurant.

Für den Service und die Dekoration ist Holger Cott zuständig, während seine Frau die Küche als ihr Reich sieht. Sie selbst sagt: „Ich bin die Hand und mein Mann ist das Gesicht. Unser Essen muss lecker sein und von Herzen kommen."

Mit fachlicher Kompetenz, gemixt mit Kreativität, verbindet sie spielerisch die deutsche Küche mit der mediterranen und wandelt die Spezialitäten der Region nach ihren Vorstellungen ab. Das merkt man spätestens beim Dessert, den *Schokoküchlein mit Lavendel-Pfirsich*, oder schon zu Beginn bei den *Pflaumen mit Büffelmozzarella.* Auch *Curry-Lauchsuppe mit Kokosschaum und Tempura-Garnelen* oder *Tomaten-Consommé mit Ricotta-Basilikum-Ravioli* weisen auf ihren Ideenreichtum hin.

Südliches Flair – fast wie im Urlaub

Bezeichnend ist auch ihre Liebe zu Omas Küche. Hier bietet sie *Kalbsleber mit Zwiebelringen und Kartoffelstampf* an. Im Kontrastprogramm kreierte die experimentierfreudige Wirtin in der „Crazy-Küche" z. B. den *Strammen Max von der Jakobsmuschel.*

Ihre eigene Handschrift zeigen sie parallel zum erfolgreichen Weisenheimer Quetschefest. Sie entwickelten dazu eine Quetschekarte, auf der *Pflaumen mit Mozarella* und *Schweinesteak mit Pflaumenmuskruste* angeboten wurden. Diese Kreationen kamen bei allen gut an. Das Jahr über gibt es saisonale Aktionen: Spargelessen im Frühling, Wildbretspezialitäten im Herbst und Gänsebraten im Winter. In der warmen Jahreszeit dominiert die mediterrane Küche und wer diese im Innenhof mit südlichem Flair oder auf der Terrasse vor dem Haus genießt, fühlt sich wie im Urlaub. Hervorragende Weine von vier Winzern aus Weisenheim, die Holger Cott, fachkundig auf die Speisen abgestimmt empfiehlt, tun ein Übriges.

Wer guten Freunden eine Freude machen will, kann ihnen ein exquisites Essen im Pfälzer Hof schenken. Eine solche Wertschätzung ihrer Küche macht Galina Cott stolz und sie bemerkt: „Wenn wir verschenkt werden, wissen wir, wir sind angekommen."

Ausflugstipp

Am ersten Wochenende im September findet in Weisenheim am Sand auf dem Gelände des Ludwigshain das Fest **Rund um die Quetsch** statt: An zahlreichen Ständen werden neben anderem Kulinarischen viele Pfälzer Quetsche-Spezialitäten angeboten.

Pflaumen mit Büffelmozzarella und Latwerge-Vinaigrette

400 g reife Pflaumen | Olivenöl | 6 EL weißer Balsamico | 4 EL Pflaumenwein | 2 EL Latwerge (siehe Tipp) | 4 EL Pistazienkerne | 2 Zweige frischer Majoran | schwarzer Pfeffer aus der Mühle | Fleur de Sel | 300 g Büffel-Mozzarella

Garnitur Blättchen von jungem, roten Mangold | Pflücksalatblättchen

■ Pflaumen waschen, vorsichtig in Längsscheiben schneiden und den Stein dabei entfernen.

■ Aus Olivenöl, Balsamico, Pflaumenwein und Latwerge eine Vinaigrette rühren, die Pflaumenscheiben damit vermischen und ca. 20 Minuten marinieren.

■ Pistazien und abgestreifte Majoranblättchen hacken und beiseite legen.

■ Mozzarella in Scheiben schneiden und abwechselnd mit den marinierten Pflaumen auf Tellern anrichten, mit Latwerge-Vinaigrette beträufeln, mit Pfeffer und Fleur de Sel würzen. Abschließend mit den gehackten Pistazien und dem Majoran bestreuen, mit Salatblättchen nach Wahl garnieren und servieren.

Pflaumen im Grünen

TIPP

■ Auf dem Fest „Rund um die Quetsch“ wird das aromatische, stark eingekochte und nach Geheimrezept gewürzte Zwetschgenmus, die Latwerge, angeboten. Alternativ kann dafür auch österreichischer Powidl oder dickes Pflaumenmus verwendet werden.

Kalbsfilet, kurz angebraten und knapp eine Viertelstunde im Backofen gegart, so dass es noch zart rosa ist.

Gebratenes Kalbsfilet auf Bärlauch-Risotto mit sautiertem Spargel

Risotto 40 g Zwiebel, geschält und fein gehackt | 2 EL Olivenöl | 300 g Risottoreis | 40 ml Weißwein | ca. 1 l helle, kräftige Gemüse- oder Fleischbrühe, kochend heiß | 60 g Bärlauch-Butter | 80 ml Sahne, steif geschlagen | 2 EL Parmesan, gerieben | Salz, Pfeffer aus der Mühle | 10 Bärlauchblätter, in Streifen geschnitten

Filet ca. 700 g Kalbsfilet, schön pariert | Salz, schwarzer Pfeffer aus der Mühle | 2 EL Butterschmalz

Spargel je 300 g weiße und grüne Spargelspitzen | 2 EL Butter | 12 Kirschtomaten | Salz, schwarzer Pfeffer aus der Mühle

■ Für den Risotto Zwiebel im Olivenöl anschwitzen, den Reis zugeben und unter ständigem Rühren mitdünsten. Mit Weißwein ablöschen, reduzieren und mit der Brühe nach und nach aufgießen.
■ Den Risotto unter Rühren köcheln. Die Kochzeit beträgt ungefähr 18 Minuten, der Reis soll noch bissfest sein.
■ Nun die Bärlauch-Butter unterrühren, mit Sahne und Parmesan verfeinern, mit Salz und Pfeffer abschmecken.
■ Bärlauchblätter in Streifen schneiden und erst kurz vor dem Servieren unter den Risotto rühren.
■ Den Backofen auf 180 °C Umluft vorheizen.
■ Das Kalbsfilet mit Salz und Pfeffer würzen und in einer heißen Pfanne von allen Seiten im Butterschmalz kurz anbraten, danach 10–15 Minuten im vorgeheizten Ofen weitergaren. Das Fleisch aus dem Ofen nehmen, zugedeckt noch ca. 5 Minuten ruhen lassen.

■ Spargelspitzen in Salzwasser ca. 5 Minuten blanchieren, danach abtropfen lassen. In einer Pfanne mit schäumender Butter Spargeln mit den Kirschtomaten braten, ohne Farbe nehmen zu lassen. Mit Salz und Pfeffer würzen.
■ Das Filet mit schrägen Schnitten aufschneiden. Sautierte Spargelspitzen und Kirschtomaten sowie deren Fond auf Tellern mit dem Risotto anrichten. Die Filetscheiben anlegen.

Warme Schokoküchlein mit flüssigem Kern und Lavendel-Pfirsich

Lavendel-Pfirsich 2 reife Pfirsiche | 150 g Zucker | 50 ml Riesling Spätlese | 50 ml Apfelsaft | 2 EL Gewürz-Lavendelblüten

Schokoküchlein 125 g Kuvertüre, zartbitter | 90 g Butter | 2 große Eier (Größe L) | 40 g Mehl | 65 g Puderzucker | 4 kleine, feuerfeste Formen, mit Butter ausgepinselt | Puderzucker zum Bestäuben

■ Pfirsiche häuten, Kern entfernen und Pfirsiche in Spalten schneiden.
■ Zucker in einem Topf zum Schmelzen bringen, vorsichtig mit Riesling und Apfelsaft ablöschen (Achtung: spritzt!) und zu einer sirupartigen Flüssigkeit reduzieren.
■ Lavendelblüten unterrühren, den Topf vom Herd nehmen und die Blüten etwa 10 Minuten ziehen lassen. Dann den Sirup nochmals aufkochen und die Pfirsichspalten einlegen.
■ Abkühlen und mindestens 12 Stunden im Kühlschrank ziehen lassen.
■ Den Backofen auf 180 °C Umluft vorheizen.
■ Kuvertüre und Butter in einer Schüssel im Wasserbad schmelzen lassen. Eier in eine zweite Schüssel aufschlagen, das gesiebte Mehl und den Puderzucker untermischen, dann die geschmolzene Kuvertüre und die Butter zugeben und alles zu einem flüssigen Teig verrühren. In gefettete Förmchen füllen und die Küchlein ca. 8 Minuten backen.
■ Die Küchlein noch warm auf Teller stürzen und mit Puderzucker bestäuben. Lavendel-Pfirsichspalten in kleinen Gläsern anrichten und dazu servieren.

Noch warm schmecken die Küchlein am besten und harmonieren wunderbar mit dem Lavendel-Pfirsich im Glas.

ET BAGUETTES
du jour
FRANCE

20

Savoir vivre in der Pfalz

Martina Langguth
im Restaurant Julien in Kaiserslautern

Adresse
Restaurant Julien
Restaurant Français
Altenwoogstraße 3
67655 Kaiserslautern
Telefon: 0631/64887
Website:
www.restaurant-julien.de

Öffnungszeiten
Di–Sa 18.00–23.00 Uhr
So 11.00–14.00 Uhr (Brunch)
und 18.00–23.00 Uhr
Mo Ruhetag

Wer sich in Kaiserslautern wie Gott in Frankreich fühlen will, geht ins „Julien", denn hier gibt es hervorragende klassische, saisonale, französische und mediterrane Küche, ein großes Angebot an ausgetüftelten vegetarischen Gerichten sowie eine Reihe ausgefallener eigener Kreationen.

Bis es dazu kam, hat Martina Langguth einen langen beruflichen Weg zurückgelegt. Zunächst studierte sie Biologie, bis sie als Studentin während der Semesterferien als Bedienung in einer Kneipe arbeitete und herausfand, dass sie lieber etwas Handfestes machen wollte. Dieser Erkenntnis folgte eine Ausbildung zur Restaurantfachfrau in einem Steigenberger Hotel.

Nach Ausbildungsende führte sie der Weg 1982 nach Paris. Dort jobbte sie für einige Zeit ebenfalls zunächst im Service diverser Restaurants, bis sie irgendwann als Mädchen für Alles in einem Künstlerrestaurant in Montparnasse landete. Hier lernte sie die Finessen der französischen Küche kennen, denn sie hatte einen sehr guten Arbeitgeber, der ihr Talent zum Kochen entdeckte und entsprechend förderte.

Als sie 1985 zurück nach Deutschland kam, war klar, was sie wollte, und sie eröffnete sofort ihr heutiges Restaurant. Und wiederum dauerte es eine Weile, bis sie ihre Arbeit auch auf die Küche ausdehnte. Zu Beginn beschäftigte sie ausgebildete Köche und kümmerte sich vorwiegend um ihre Gäste.

Doch steter Ärger mit verschiedenen Köchen ließ sie gezwungenermaßen selbst zur Kochschürze greifen, nachdem ein Koch den Löffel wortlos hinwarf und einfach verschwand. Ein anderer ging aus Liebeskummer, sein Nachfolger war Alkoholiker. Von da

Abendstimmung im romantisch angelegten Garten des „Julien"

an beschloss sie, selbst zu kochen. In den vorangegangenen Jahren hatte sie ohnedies so oft einspringen müssen, wenn ihre Köche ausfielen, dass es besser war, gleich selbst am Herd zu stehen.

Nach und nach stellten sich die ersten Erfolgserlebnisse ein. Immer mehr Gäste lobten ihre Küche, und ihr Selbstbewusstsein wuchs. Einige Rezepte hatte sie aus Frankreich mitgebracht, selbstverständlich ein *Pfeffersteak*, diverse *Patés, Entrecôte mit Whisky-Pfeffer-Jus* oder *Butterfisch Provençale mit Safranreis.* Dabei ist es jedoch nicht geblieben, denn mit dem Erfolg stieg die Lust am Experimentieren, und dafür ist nicht zuletzt ihr Stammpublikum dankbar. Als besonderer Renner gilt ihre selbst kreierte *Arabische Gemüsecremesuppe.*

Französische Lebensart

Auf Grund der großen Nachfrage bot Martina Langguth auch ständig ausgebuchte Kochkurse an der Volkshochschule in Kaiserslautern an, die sie aber wegen der immer knapper werdenden Zeit nur noch sporadisch halten kann. Schwerpunkt ist natürlich die französische Küche, die sie mit individuellen Kompositionen bereichert. Dass sie in ihrem Metier angekommen ist, beweist auch die Tatsache, dass sie mittlerweile schon vier Köche ausgebildet hat und bereit ist, weiteren Anfängern die Grundlagen der Kochkunst zu vermitteln.

Wer ihre Küche schätzt, kann auch das mittlerweile aufgebaute Catering in Anspruch nehmen. Die Qualität ihrer Speisen und der zuverlässige Service haben sich herumgesprochen und finden besonders bei Promotionsfeiern der TU Kaiserslautern große Beachtung. Aber natürlich kann man die kreative Küche auch zu Hause genießen und dieses Angebot erfreut sich derart wachsenden Zuspruchs, dass auch hier immer wieder kulinarische Neuentwicklungen auf die Karte kommen.

Um den vielen Verpflichtungen nachzukommen, wechselt sie sich seit Jahren mit ihrem Mitarbeiter Eddy Brandstetter in der Küche ab. Er ist auch der Ansprechpartner für Kunden mit individuellen Wünschen und berät fachkundig, was nach Anlass und Saison passend aufgetischt werden könnte. Die Produkte für die frischen Angebote, wie Krustentiere, Fisch und Fleisch, beziehen sie aus dem Saarland. Das Gemüse liefert ein Türke, Kräuter und Gewürze kommen alle vom Großmarkt aus Frankreich.

Im Jahr 2003 wurde das *Julien* um einen romantisch angelegten Garten erweitert, im darauf folgenden Jahr bekam der gemütliche Gastraum neue Farbe und ähnelt einer Galerie für originelle Pos-

Kräftige Farben und Poster im Gastraum

ter. Viele davon sind alte Veranstaltungsplakate aus den 1980er Jahren, die unter anderem auf Ausstellungen von Monet, Chagall und Magritte hinweisen. Die unübersehbare Sammelleidenschaft der Chefin nahm einst in Paris ihren Anfang und ziert auch ihre häuslichen vier Wände.

Die französische Lebensart des Restaurants schätzen viele Gäste, die auch im Internet ihre Bewertungen hinterlassen und das sehr gute Preis-Leistungs-Verhältnis betonen. Auch anhand der Getränkekarte kann man sozusagen quer durch Frankreich reisen, denn im *Julien* werden ausschließlich französische Weine aus den besten Anbaugebieten angeboten.

Ausflugstipp

Ein Stück Fernost in Südwest – der **Japanische Garten.** Um Schönheit und meditative Wirkung eines japanischen Gartens zu entdecken, muss man nicht nach Japan reisen. In einer alten Parkanlage mit uralten Blutbuchen, riesigen Baumhaseln und seltenen Tulpenbäumen wurde im Jahr 2000 der Japanische Garten in Kaiserslautern eröffnet. Für alle, die Kraft und Ruhe aus der kunstvoll gestalteten Harmonie von Licht und Schatten, Pflanzen und Steinen, Wasser und Wegen schöpfen wollen, zählt er zu den schönsten und größten Parkanlagen dieser Art in Europa! Zu den typischen Elementen solcher Gärten gehören Teiche, Wasserfälle, Teehäuser, Moosgärten und Steinlaternen. Obwohl der Garten erst seit wenigen Jahren existiert, wirkt er beeindruckend und „gewachsen“ (Japanischer Garten Kaiserslautern, Lauterstraße 18, 67657 Kaiserslautern: Geöffnet 1. April–31. Oktober, täglich 10.00–18.00 Uhr. Mehr Informationen auf www.japanischergarten.de).

Crêpes mit Esskastanien-Roquefort-Füllung und pochierten Birnen

Crêpes 100 g Mehl | 300 ml Milch | 1 Ei | 1 Prise Salz | etwas Sonnenblumenöl zum Ausbacken

Birnen 2 reife Birnen | ¼ l Birnensaft | ⅛ l Weißwein, trocken

Füllung 600 g frische Esskastanien (Maronen) | 2 EL Zucker | 2 EL Butter | 200 ml Sahne | 200 g Roquefort | Pfeffer, Salz

■ Für die Crêpes das Mehl in eine Schüssel sieben, Milch und Ei zugeben, alles zu einem Teig verquirlen und mit Salz würzen. Den Teig beiseite stellen und eine halbe Stunde ruhen lassen.
■ Crêpes nacheinander mit etwas Sonnenblumenöl in einer Pfanne ausbacken und warm halten.
■ Birnen schälen, halbieren und entkernen. Die Birnenhälften im Birnensaft mit Weißwein ca. 5 Minuten köcheln, danach im Sud erkalten lassen.

Pikant mit fruchtig-süßer Beilage: die schönsten Crêpes mit Birnen

■ Für die Füllung Esskastanien an der flachen Seite einschneiden, dabei auch die zweite dünne Haut einritzen und im 220 °C heißen Backofen 10–15 Minuten rösten (bis die Schale aufgeht).
■ Wenn sie geöffnet und weich sind, die Maronen aus dem Ofen holen und noch möglichst heiß schälen.
■ Zucker mit Butter in einer Pfanne leicht karamellisieren, Maronen zugeben und kurz im Karamell wenden. Mit 100 ml vom Birnensud und der Sahne ablöschen und köcheln, bis sich der Karamell aufgelöst hat und die Sauce etwas eingedickt ist.
■ Roquefort bei niedriger Hitze in der Sauce schmelzen lassen und zum Schluss vorsichtig mit Pfeffer und Salz abschmecken. Sauce warm halten.
■ Die vier schönsten Crêpes auf Tellern auslegen und die Maronen-Roquefort-Füllung darauf verteilen. Die Birnenhälften im Sud kurz erwärmen, in Spalten schneiden, auf die Füllung legen und die Crêpes zuklappen.

Gemüsecremesuppe aus 1001er Nacht

Die Besonderheit dieser Gemüsecremesuppe sind die raffinierten Gewürze.

Für 12 Portionen

2 Karotten | 1 Stange Lauch | 200 g Broccoliröschen | 3 kleine Kartoffeln, mehlig kochend | 1 Fleischtomate | 1 Zucchino | 1–2 Zwiebeln, geschält und gewürfelt | 5 EL Olivenöl | 1 TL Piment, gemahlen | 1 EL Kreuzkümmel, gemahlen | 1 TL Koriander, gemahlen | ½ TL schwarzer Pfeffer, gemahlen | 1 Msp Muskatblüte (Macis), gemahlen | 1 Msp Muskatnuss, frisch gerieben | 1 EL Kurkuma | 1 Msp Cayennepfeffer | 1 EL Ras El-Hanout jaune (siehe Tipp) | 2 l Gemüsebrühe | 200 ml Sahne | Salz zum Abschmecken

Garnitur 120 ml Sahne, steif geschlagen | 1 Handvoll geröstete Mandelsplitter oder -blättchen

■ Das Gemüse einschließlich Zucchino putzen, waschen und klein schneiden.
■ Die Zwiebelwürfel im Öl goldbraun werden lassen, dann das restliche Gemüse zugeben und bei geringer Hitze mehrere Minuten unter Rühren anschwitzen. Nun die Gewürze unterrühren und etwa 2 Minuten mitdünsten. Wenn es stark zu duften beginnt, mit der Brühe auffüllen und die Suppe ca. 20 Minuten köcheln.
■ Wenn das Gemüse weich ist, die Suppe pürieren und durch ein Sieb mit mittlerer Lochung streichen. Sahne unterrühren und nochmals abschmecken, eventuell nachsalzen.
■ Die heiße Gemüsecremesuppe in Schalen anrichten, mit einem Klecks Sahne und gerösteten Mandeln dekorieren und servieren.

TIPPS

■ Ras El-Hanout jaune gibt es meist nur in Frankreich, es ähnelt etwas dem Madrascurry, das man ersatzweise verwenden kann oder man nimmt das normale Ras El-Hanout (eine nordafrikanische Gewürzmischung), das mehr Chili enthält und deshalb schärfer ist. Die meisten anderen Gewürze sind in jeder gut sortierten Gewürzabteilung oder in türkischen Lebensmittelgeschäften erhältlich.

Le Temple du Gourmet
C. Detemple-Schäfer

21

Gleichberechtigung in der Küche

Christiane Detemple-Schäfer im Le Temple du Gourmet in Neuhütten

Adresse
Le Temple du Gourmet
Saarstr. 2
54422 Neuhütten
Telefon: 06503/7669
Fax: 06503/980553
Website:
www.le-temple-du-gourmet.de

Öffnungszeiten
Mo, Di, Do–Sa ab 18.30 Uhr,
So und Feiertags 12.00 bis
14.00 Uhr und ab 18.30 Uhr
Mi Ruhetag

In diesem Feinschmecker-„Tempel" kann der Gast kann zwischen Gourmetrestaurant und Bistro wählen und findet dort ganz unterschiedliche Gerichte im Angebot. Im Bistro bestellt man à la carte. Im Restaurant hat man die Qual der Wahl zwischen einem Fünf- oder einem Sieben-Gänge-Menü.

„Kein Genuss ist vorübergehend, denn der Eindruck, den er zurück lässt, ist bleibend", wusste bereits Johann Wolfgang von Goethe. Und der kannte noch nicht einmal das Internet, in dem Gäste eines Restaurants ihre Eindrücke im wahrsten Sinne des Wortes verewigen können. Das preisgekrönte Ehepaar Detemple-Schäfer kann dort auf beste Einträge verweisen, z.B.: „Von mir 5 Sterne – alles perfekt – höchste Qualität der Speisen, freundliche Bedienung, gute Weinempfehlungen" oder „Sehr gutes Preis-Leistungsverhältnis". „Der zweite Michelin-Stern ist überfällig" kommentiert ein anderer. Solches Lob fällt nicht vom Himmel.

Im *Temple du Gourmet* werden die Gäste von einem gleichberechtigt kochenden Spitzenteam verwöhnt, denn Christiane Detemple-Schäfer und Oliver Schäfer gingen beide nach ihrer Ausbildung in verschiedenen Häusern zu dem bekannten Drei-Sterne Koch Helmut Thieltges (Waldhotel *Sonnora* in Dreis). Seit 1992 bietet das Duo seine raffinierten Gerichte im ehemaligen Restaurant und Hotel der Eltern von Frau Detemple-Schäfer an.

Dank ihrer leichten, modernen Küche mit saisonal wechselndem Angebot bekam das Restaurant bereits 1994 den ersten Michelin Stern. Weitere Auszeichnungen in zahlreichen renommierten Gastronomieführern mit hoher Punktzahl mit „Kochmützen", „Bestecken" und besten Bewertungen im Gault Millau folgten.

Edles Gedeck im Restaurant

Mediterraner Stil im Restaurant und auf der Terrasse

Im Laufe der letzten Jahre nahm Christiane Detemple-Schäfer immer wieder an überregionalen Events teil, zusammen mit einigen der besten und bekanntesten Köchinnen. 2009 gehörte sie zu den Auserwählten bei „Frauen-Power – Power-Frauen“. Hier traf sie Ute Völker, Eva Eppard und Petra Roth-Püngeler, die hier im Buch ebenfalls vorgestellt werden.

Im selben Jahr wurde sowohl das Restaurant als auch das Bistro komplett neu im mediterranen Stil gestaltet. Dabei wurde sogar an die Raucher gedacht, die in der gemütlichen Cigar-Lounge Platz nehmen können.

Im Bistro wie im Restaurant besteht die größte Nachfrage bei Fisch, aber auch Fleischesser kommen nicht zu kurz: Die *Schweinebäckchen vom Wollschwein* sollten Sie sich nicht entgehen lassen. Der optische Höhepunkt sind aber die ausgefallenen Desserts, beispielsweise ein *Safran-Chili-Eis* oder eine legendäre *Crema Catalana mit Passionsfruchtgelee und Pistazieneis.*

Auf der Weinkarte stehen neben sorgfältig ausgesuchten Tropfen von Mosel, Saar und Ruwer auch italienische und französische Gewächse zur Auswahl. Selbstverständlich wird man auch hier fachkundig beraten, welcher Wein optimal zum gewählten Essen passt.

Die Zufriedenheit der Gäste liegt dem Ehepaar sehr am Herzen. Daher kommen beide nach dem Essen an den Tisch um zu erfahren, ob alles nach Wunsch aufgetischt wurde. Bei diesen Gelegenheiten stellt Christiane Detemple-Schäfer ab und zu erstaunt fest, dass es auch im 21. Jahrhundert noch Menschen gibt, die immer noch nicht glauben, dass auch Frauen ausgezeichnet kochen können. Ihr Mann wird von den Gästen weitaus mehr auf seine Kochkünste angesprochen, obwohl allen klar ist, dass beide gleich gut kochen.

Wer nach ausgiebigem Genuss aller Köstlichkeiten des Hauses nicht mehr fahren möchte oder wer sich nach ausgiebiger Wanderung – beispielsweise auf dem nahen Saar-Hunsrück-Steig – so wie Fuchs und Hase gute Nacht sagen will, kann sich in einem der fünf Doppelzimmer oder dem Einzelzimmer bequem zur Ruhe legen.

Mittlerweile ist das abwechslungsreiche Angebot des Familienbetriebs über die heimischen Grenzen hinaus bekannt und zieht Gäste aus nah und fern an. Hierfür sorgen natürlich auch wechselnde, besondere Arrangements. Seit 2008 steht das Haus auf der Liste „Wanderbares Deutschland“, was darauf hinweist, dass man im *Le Temple du Gourmet* auch in Wanderkleidung im Bistro oder auf der Terrasse einen gemütlichen Platz findet und dort bestens bewirtet wird.

Ausflugstipp

Die sechste Etappe des 184 km langen **Saar-Hunsrück-Steigs**, der traumhafte Wanderungen, vorbei an bizarren Felsen und idyllischen Bachläufen, durch tiefe Täler und geheimnisvolle Moorlandschaften, bietet. Es gibt romantisch gelegene Seen und verwunschene Täler zu entdecken und phantastische Aussichten zu genießen. Mit seinen zwölf Etappen grenzt der Steig an die Saarschleife nahe der Keramikmetropole Mettlach, an die Römerstadt Trier und an die Edelsteinhochburg Idar-Oberstein (weitere Informationen auf www.saar-hunsrueck-steig.de).

Der im Mai 2007 eröffnete Weg wurde vom Deutschen Wanderinstitut als Premium Weg zertifiziert. Mit 58 Erlebnispunkten erreichte er die Top-Platzierung bei den Fernwanderwegen in Deutschland. Die sechste Etappe dieser Wanderroute führt an Neuhütten vorbei, und als Qualitätsgastgeber ist „Le Temple du Gourmet“ (Entfernung vom Steig ca. 2 km) vorgeschlagen.

Erbsenpüree …

Schweinebäckchen vom Wollschwein mit Erbsenpüree, Kartoffel- und Schinkenstroh und Balsamicosauce

Schweinebäckchen 4 Bäckchen vom Wollschwein, sauber pariert (Parüren für die Sauce aufbewahren) | Salz, Pfeffer | 4 EL Olivenöl | je ca. 150 g Karotten, Lauch und Staudensellerie | 2 Schalotten | 2 Knoblauchzehen | 1 Thymianzweig | 1 Lorbeerblatt | 10 Pfefferkörner | ½ EL Tomatenmark | 2 EL alter Balsamico | 200 ml Madeira | 100 ml Rotwein | 1 l Kalbsfond

Erbsenpüree 2 Schalotten, geschält | 50 g Butter | 400 g Erbsen (TK-Ware) | 100 ml Geflügelfond | Salz, Pfeffer | 1 Prise Zucker

Stroh 1 große Kartoffel, fest kochend | 100 g roher Schinken, fein aufgeschnitten | Frittierfett

TIPP

■ Die Schweinebäckchen bereits am Vortag zubereiten und in der Balsamicosauce im Kühlschrank aufbewahren.

■ Den Backofen auf 200 °C vorheizen. Die Schweinebäckchen mit Salz und Pfeffer würzen und zusammen mit den Parüren in einem Bräter im Öl anbraten.

■ Das Gemüse in Würfel schneiden, Schalotten und Knoblauch schälen und ebenfalls würfeln.

■ Wenn im Bräter alles schön gebräunt ist, das Öl abgießen und das vorbereitete Gemüse, die Kräuter und die Pfefferkörner zugeben. Alles gut vermischen und im heißen Backofen 10 Minuten rösten, dann das Tomatenmark zugeben und weitere 10 Minuten rösten. Mit Balsamico, Madeira und Rotwein ablöschen, die Flüssigkeit einkochen und dann mit dem Fond auffüllen.

■ Schweinebäckchen zugedeckt 2 Stunden bei 130 °C schmoren lassen. Wenn sie gar sind, die Bäckchen aus dem Bräter nehmen und die Sauce durch ein Tuch passieren, entfetten, mit Salz und Pfeffer abschmecken, nach Belieben mit Stärke leicht binden.

■ Für das Erbsenpüree Schalotten fein würfeln, in der Butter bei kleiner Hitze glasig schwitzen, dann die Erbsen hinzufügen und kurz andünsten. Den Fond zugießen und die Erbsen einmal aufkochen.

■ Alles im Mixer pürieren und durch ein Sieb streichen. Das Püree mit Salz, Pfeffer und Zucker abschmecken, warm halten.

■ Kartoffel schälen, in feine Scheiben hobeln und diese in feine Streifen schneiden. Kurz wässern, damit Stärke entzogen wird und das Kartoffelstroh beim Frittieren nicht aneinander klebt. Kartoffelstreifchen durch ein Sieb abgießen und mit Küchenkrepp trockentupfen. Nur wenige Minuten in heißem Fett frittieren, auf Küchenkrepp abtropfen lassen. Schinken ebenfalls in dünne Streifen schneiden und frittieren.

■ Das Erbsenpüree auf Teller dekorativ anrichten und mit je einem Schweinebäckchen bedecken. Mit Kartoffel- und Schinkenstroh garnieren und zum Schluss mit der Balsamicosauce umgießen.

... zu Schweinebäckchen und Kartoffel- und Schinken„stroh“

Crema Catalana mit Passionsfruchtgelee und Pistazieneis

Passionsfruchtgelee 100 ml Passionsfruchtsaft | 50 ml Weißwein Auslese | 50 ml Läuterzucker | 2 Blatt Gelatine

Crema Catalana 250 ml Milch | 250 ml Sahne | 75 g Zucker | 1 Vanillestange | 1 Ei | 2 Eigelbe | brauner Zucker zum Bestreuen

Pistazieneis 500 ml Milch | 500 ml Sahne | 220 g Zucker | 8 Eigelbe | 2 EL Pistazienpaste (im Feinkostladen oder im Fachhandel z. B. für Backzutaten) | 1 EL gehackte Pistazien | 60 ml Kirschwasser

Garnitur Erdbeeren | Minzeblättchen

■ Passionsfruchtsaft mit Wein und Läuterzucker erwärmen. Die zuvor in kaltem Wasser eingeweichte und ausgedrückte Gelatine zugeben und rühren, bis sie sich aufgelöst hat.
■ Das Passionsfruchtgelee auf vier feuerfeste Martinigläser verteilen und im Kühlschrank erkalten und fest werden lassen.
■ Für die Crema Catalana den Backofen auf 100 °C vorheizen.
■ Milch mit Sahne, Zucker und dem Mark der Vanillestange (Vanillestangenhälften für das Pistazieneis aufheben) unter Rühren aufkochen.
■ In einer Schüssel das Ei mit den Eigelben verquirlen. Mit einem Schneebesen die heiße Vanillemilch langsam einrühren.

Der Feinsckmecker-Tempel von Detemple

■ Die Creme-Masse vorsichtig auf das Passionsfruchtgelee geben und im vorgeheizten Backofen ca. 20 Minuten im Wasserbad pochieren.

■ Für das Pistazieneis Milch mit Sahne, der Hälfte des Zuckers und den ausgeschabten Vanillestangenhälften zum Kochen bringen. Eigelbe mit dem restlichen Zucker schaumig schlagen.

■ Die heiße Sahne-Milch unter kräftigem Rühren mit dem Schneebesen nach und nach auf den Eigelbschaum gießen. Die Masse in einem Topf bei kleiner Hitze unter ständigem Rühren auf 70 °C erwärmen, so dass eine cremige Bindung entsteht. Vom Herd ziehen, die Masse durch ein feines Sieb passieren und auskühlen lassen.

■ Die Pistazienpaste, gehackte Pistazienkerne und Kirschwasser unter die abgekühlte Masse rühren und in einer Eismaschine zu cremiger Konsistenz gefrieren lassen.

■ Die erkaltete Crema Catalana mit braunem Zucken bestreuen und mit einem Bunsenbrenner vorsichtig karamellisieren. Mit Erdbeeren, einer Nocke Pistazieneis und Minzeblättchen garnieren (das restliche Pistazieneis anderweitig verwenden und im Gefrierschrank aufbewahren).

Ulrike Stoebe
Landhaus

22

Die Sterneköchin vom Kylltal

Ulrike Stoebe
im Landhaus Mühlenberg in Daufenbach

Adresse
Restaurant Landhaus Mühlenberg
Mühlenberg 2
54313 Daufenbach
Telefon: 06505/1010
Fax: 06505/952111
Website:
www.landhaus-muehlenberg.de

Öffnungszeiten
Do–Sa ab 19.00 Uhr
So 12.00–14.00 Uhr
Mo, Di und Mi Ruhetag
(Reservierung erbeten)

Der Weg durch die Kordeler Wälder hin zum Restaurant der gastfreundlichen Familie Stoebe lohnt sich nicht nur wegen des Michelin Sterns und zahlreicher weiterer Auszeichnungen in allen renommierten Restaurantführern. In dem von hohen Tannen umgebenen Haus fühlt man sich sofort auf das herzlichste willkommen.

Die Vorfahren der Inhaberin bauten das Haus 1935 mitten im Wald und führten es zunächst als Pension und Ausflugslokal für Wandergäste. Mutter und Großmutter waren bereits sehr gute Köchinnen, die ausschließlich frisches Essen auf den Tisch brachten. Die Eltern hatten Kühe, Schweine und Hühner, die allesamt für die schon damals hervorragenden Gerichte geschlachtet und verarbeitet wurden. Das wussten Gäste auch schon 1938 zu schätzen und verliehen ihrer Begeisterung Ausdruck in Form bebilderter Verse, die nun gerahmt die Wand im Eingangsbereich schmücken. Die wunderschön gezeichneten und gedichteten Lobeshymnen bezeugen die familiäre Gastlichkeit des Landhauses und die wegweisende Küche ihrer Mutter.

Mutters Küchenphilosophie „keine Fertigsoßen" gilt immer noch. Doch Ulrike Stoebe hatte zunächst gar nicht vor, den elterlichen Betrieb zu übernehmen. Kochen war nicht ihre Leidenschaft. Sie ist ausgebildete Hotelfachfrau, ihr Mann hat als Restaurantfachmann und Sommelier langjährige Erfahrungen im Ausland gesammelt, darunter im Londoner *Claridge* und im Pariser *Ritz*.

1977 kamen die beiden zurück in ihr Elternhaus und entwickelten das ehemalige Ausflugslokal nach und nach zum Geheimtipp

„Die Gäste verbringen hier ihren wertvollen Feierabend, daher sollen sie sich wie zuhause fühlen", so die Philosophie des Hauses.

für Feinschmecker. Auch hier verlief der Generationswechsel zunächst nicht konfliktfrei, aber Ulrike Stoebe weiß, ohne die tatkräftige Hilfe ihrer Mutter wäre ihr Weg weitaus beschwerlicher gewesen. Dass die Vorfahren bis zum heutigen Tag noch eine hohe Wertschätzung genießen, zeigt sich im ganzen Haus. Überall erblickt man Geschirr und antike Möbel. Die Biedermeierstube, in der übrigens auch geraucht werden darf, ziert eine Ahnengalerie.

„Die Zeiten sind nicht einfacher geworden", so die Küchenchefin. Da mag auch ein wenig durchschimmern, was immer mehr Gastronomen empfinden, die auf Sterneniveau kochen: Der Stern ist nicht nur ein Segen – ihn zu halten bedeutet häufig noch mehr Druck zum ohnehin schon vorhandenen Wettbewerb.

Einladende Eckchen zum gemütlichen Verweilen gibt es draußen wie drinnen

„Früher war vieles einfacher, unkomplizierter und auch sehr gut", sagt sie und führt auch gleich ein Beispiel dafür an:

Im nahe gelegenen Bach hing eine ausgemusterte Traubenbütte mit Forellen „hinter Gittern", und ihr Mann ging auf Bestellung hinunter und holte die fangfrischen Fische, denn die Devise der Familie lautete ja schon immer: Hier wird alles frisch zubereitet. Doch auf Dauer mussten sie sich etwas Neues einfallen lassen, denn nur für eine frische Forelle oder ein Rumpsteak kam keiner in das abgelegene Landhaus. Im Laufe der Jahre erweiterte die Autodidaktin ihr Angebot zunächst um Lachs, Schnecken und Gänseleber.

Seither hat sich vieles weiter entwickelt. Seit 1989 hat Ulrike Stoebe einen Michelin Stern für ihre exzellente, kreative, mediterrane, feine Küche. Inzwischen bietet sie nur noch ein Menü an und dank der vielen Stammgäste ist Innovation gefordert.

Nach ausführlicher Beratung am Tisch kann man zwischen einem Menü aus fünf, sechs oder sieben Gängen wählen. Das Lieblingsgericht der Spitzenköchin: *Ricotta-Ravioli mit Trüffel und Parmesan,* wird im Herbst mit Steinpilzen serviert. Der kulinarische Schwerpunkt liegt jedoch nach wie vor bei raffinierten Fisch- und Meeresfrüchtegerichten. So könnte es beispielsweise ein lauwarmes *Carpaccio von Wildlachs* und *Frühlingsrolle, gefüllt mit Krustentieren auf Ingwersauce* oder *Weißwurst vom Hummer und gebratenen Jakobsmuscheln* als Vorspeise geben. Danach *Wolfsbarsch auf weißen Bohnen und Tomaten mit Petersilien-Pesto.* Zur passenden Zeit gibt es *Spargel zum Filet vom Heilbutt* und *Krustentier-Ravioli mit Kräuteröl.* Natürlich gibt es auch eigenwillige Kreationen mit Fleisch, Geflügel oder Wild.

Feines Ambiente für feine Menüs

Das durchweg hohe Niveau aller Angebote veranlasste einige ihrer Gäste irgendwann dazu, die Tester von Gault Millau und Michelin auf dieses Haus aufmerksam zu machen – mit Erfolg.

Die Gerichte seiner Frau ergänzt Weinkenner Harald Stoebe mit passenden Tropfen. 160 Rebensäfte werden im häuslichen Felsenkeller gelagert. Schwerpunktmäßig gibt es edle Weine aus den Anbaugebieten Mosel-Saar-Ruwer. Aber zu den mediterranen Kreationen aus der Küche gibt es selbstverständlich auch ein ausgesuchtes Angebot aller wichtigen Weine aus Frankreich, Italien und Spanien. Genießen kann man das alles in drei verschiedenen, urgemütlichen Räumen, die insgesamt maximal 20 Gäste beherbergen können.

Bei passendem Wetter wird der Aperitif im Garten gereicht und das Menü kann auf der Terrasse serviert werden – allerdings hier nur für maximal 10 Personen.

Ausflugstipps

Nur einige Meter vom Landhaus Mühlenberg entfernt verläuft der **Kylltalradweg**, den Familie Stoebe in ihrer Freizeit oft befährt. Aber auch Spazierfahrten mit dem Auto durch die vielfältige Eifellandschaft oder den kurvenreichen Kordeler Wald sowie an die Mosel und nach Luxemburg sind sehr reizvoll.

Ob mit frischen Steinpilzen oder mit Trüffeln ...

Ricotta-Ravioli mit Trüffeln und Parmesan

Für 6 Portionen als Vorspeise

Nudelteig 100 g Weizenmehl, Type 405 | 100 g Hartweizengrieß | 2 Eier | 1 EL Olivenöl | Salz

Füllung 200 g frischer Spinat | 1 EL Butter | 250 g Ricotta | 1 Ei | 1 Eigelb | 50 g Parmesan, gerieben | Salz, Pfeffer | Muskatnuss, frisch gerieben

etwas Mehl für die Arbeitsfläche | 2 Eiweiß | 50 g Butter, leicht gebräunt | 1 kleines Stück Parmesan | 1 kleines Bund Petersilie | 1 kleiner schwarzer Trüffel

... die Ricotta-Ravioli sind ein Hochgenuss!

■ Mehl, Grieß, Eier, Olivenöl und etwas Salz zu einem glatten Nudelteig verarbeiten, in Frischhaltefolie wickeln und etwa eine Stunde bei Raumtemperatur ruhen lassen.

■ Spinat in Salzwasser blanchieren, in kaltem Wasser abschrecken, gut auspressen und in Butter dünsten, bis alle Flüssigkeit verdampft ist. Abkühlen lassen.

■ Ricotta, mit Ei, Eigelb und geriebenem Parmesan verrühren. Den Spinat unterheben, mit Salz, Pfeffer und Muskat würzen.

■ Den Nudelteig auf einer mit Mehl bestäubten Arbeitsfläche sehr dünn ausrollen. Auf der einen Teighälfte in Abständen von sechs Zentimetern kleine Häufchen der Ricotta-Spinat-Füllung setzen.

■ Eiweiß verquirlen und die Teigzwischenräume damit bepinseln.

■ Die zweite Teighälfte locker darüberlegen, um die Ricottahäufchen herum behutsam, aber fest andrücken und dann quadratische Ravioli ausstechen oder ausrädeln.

■ Ravioli in siedendem Salzwasser drei Minuten garen.

■ Ravioli auf vorgewärmte Teller geben, mit brauner Butter beträufeln, Parmesan darüberhobeln und alles mit gehackter Petersilie bestreuen. Zum Schluss den Trüffel hauchdünn darüberhobeln.

TIPPS

■ Statt mit Trüffel schmecken die Ravioli auch sehr gut mit frischen, gebratenen Steinpilzen.

■ Statt Weizenmehl mit Hartweizengrieß zu mischen kann auch das italienische Pastamehl, Typo 00, verwendet werden.

Weißwurst vom Hummer, gebratene Jakobsmuschel und blaue Kartoffeln

Hummerwürstchen 1 Hummer, ca. 500–600 g | 100 g Zanderfilet | 100 g Crème double | 1 Ei | 2 EL geschlagene Sahne | Salz, Pfeffer | 1 Prise Cayennepfeffer | 1 Lammsaitling (Wurstdarm, vom Metzger), in kaltem Wasser eingelegt | 1 Spritzer Zitronensaft | 500 ml Kalbs- oder Fischfond

Sauerkraut 500 g rohes Sauerkraut | 2 Schalotten | 2 EL Schmalz | 150 ml Mosel-Riesling | 250 ml Kalbsfond | Salz, Zucker | 3 EL geschlagene Sahne | 1 Gewürzbeutel mit 2–3 Pfefferkörnern, 5 Wacholderbeeren, 2 Nelken und 1 Lorbeerblatt

Weißwurst, maritim, und das Tüpfelchen auf dem kulinarischen i sind die Mini-Medaillons aus blauen Kartoffeln.

Rieslingsauce 100 ml Mosel-Riesling | 50 ml Noilly Prat | 1 Schalotte, geschält und gehackt | 200 ml Fischfond | 250 ml Crème double | 70 g Butter | Salz | 1 EL geschlagene Sahne

Jakobsmuscheln 8 Jakobsmuscheln, vom Fischhändler Ihres Vertrauens mit Corail ausgelöst | Salz, Pfeffer | 1 EL Butter zum Braten

Beilage 6–8 kleine blaue Kartoffeln, z. B. Vitelotte | Salz, Pfeffer

■ Hummer 5 Minuten in sprudelnd kochendem Wasser garen, anschließend das Fleisch ausbrechen.

■ Zanderfilet mit Ei, Salz, Pfeffer und Cayennepfeffer in der Küchenmaschine kurz zu einer feinen Farce pürieren.

■ Hummerfleisch klein würfeln und mit der Farce vermischen. Geschlagene Sahne unterheben und die Farce in einen Spritzbeutel geben.

■ Den Saitling mit Farce füllen und zu 8 Würstchen abbinden. Bis zur Verwendung kühl stellen.

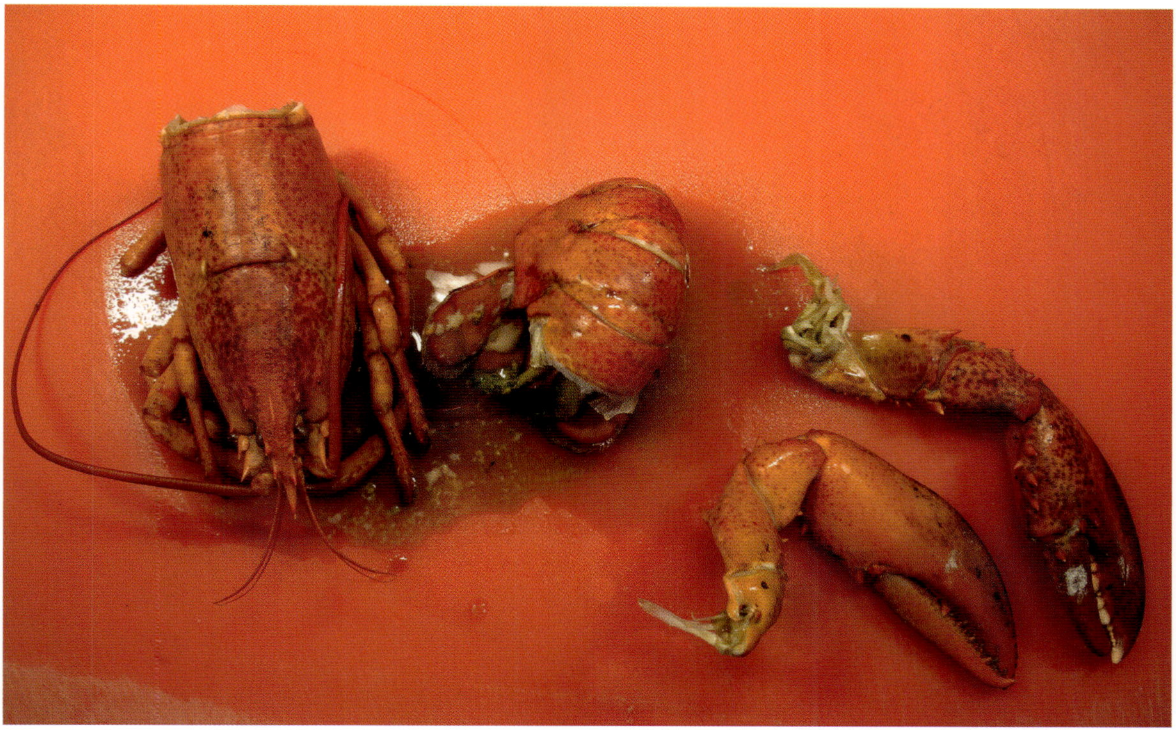

Komposition in Rot

■ Das Sauerkraut wässern. Schalotten in Scheiben schneiden und im Schmalz glasig anschwitzen. Das Kraut ausdrücken und kurz mitgaren. Mit Riesling und Kalbsfond ablöschen, mit Salz und Zucker würzen und den Gewürzbeutel zugeben.
■ Sauerkraut zugedeckt etwa eine Stunde bei kleiner Hitze köcheln. Wenn es gar ist, den Gewürzbeutel entfernen und das Kraut warm halten. Kurz vor dem Servieren die geschlagene Sahne unterziehen.
■ Mosel-Riesling mit Noilly Prat und Schalotte aufkochen, Fischfond und Crème double unterrühren und alles auf die Hälfte reduzieren. Kurz vor dem Servieren die kalte Butter zugeben und die Sauce mit dem Pürierstab aufmixen. Mit Salz abschmecken und die geschlagene Sahne unterziehen.
■ Jakobsmuscheln mit Salz und Pfeffer leicht würzen und das Muschelfleisch in der Butter von jeder Seite maximal 1½ Minuten heiß anbraten.
■ Die blauen Kartoffeln in der Schale gar kochen, abziehen, in Scheiben schneiden, dann mit Salz und Pfeffer würzen. Kurz vor dem Servieren die Hummerwürstchen 6–8 Minuten im Kalbs- oder Fischfond, der mit Zitronensaft abgeschmeckt wurde, pochieren.
■ Das Sauerkraut anrichten und mit je zwei Weißwürstchen, zwei Jakobsmuscheln und den Kartoffelscheiben garnieren. Zum Schluss mit der aufgeschäumten Rieslingsauce umgießen und servieren.

Adresse
Torschänke in Dudeldorf
Philippsheimer Straße 1
54647 Dudeldorf
Telefon: 06565/2024
Fax: 06565/931019
Website: www.Torschaenke-Dudeldorf.de

Öffnungszeiten
täglich 11.30–15.00 Uhr
und ab 18.00 Uhr
Mi Ruhetag

23
Die Dichterin

Petra Cillien
in der Torschänke in Dudeldorf

Knapp 20 Kilometer vom Landhaus Mühlenberg entfernt liegt die Dudeldorfer Torschänke, die bereits im Jahre 1826 als Metzgerei und Gastwirtschaft genutzt wurde. „Da müssen Sie hinfahren", hatte uns Ulrike Stoebe empfohlen. „Der Jupp ist ein Original, und seine Frau kocht sehr gut. Wenn wir mal Zeit haben, gehen wir dort gerne essen."

„Da kommt meine Chefin", stellte Josef Cillien seine Frau vor, die ein paar Minuten später aus ihrer Küche kam. Wir hatten bereits an dem Feuerwehrtisch mit der originellen Tischlampe Platz genommen und bestaunten die Schlauchspende der ortsansässigen Feuerwehr, die kurzerhand zur Lampe für den Stammtisch umfunktioniert worden war.

Josef Cillien eröffnete die Schänke bereits 1981 und kochte zunächst vier Jahre alleine all das, was er – gelernter Raumausstatter – so auf den Tisch bringen konnte. Die gehobene Küche kam erst später durch seine Frau Petra, eine ausgebildete Köchin. Seine Liebe gilt nach wie vor unübersehbar der Dekoration. Im Schankraum, der Gaststube oder den beiden gemütlichen Räumen im ersten Stock, wird je nach Anlass und Jahreszeiten aufwendig umdekoriert. Hier ist der Wirt in seinem Element.

In der Küche dominiert die Kochkunst seiner Frau. Ihr Motto „Kochen ist lebenslanges Lernen" führt immer wieder zu neuen und raffinierten Angeboten. Besonders beliebt ist das *Schweinerückensteak mit Williams-Christbirne, gratiniert mit Ziegenfrischkäse, mit frittiertem Rucola* oder *Walnuss-Pesto*.

Ein paar Standardgerichte bleiben konstant. Die Tageskarte richtet sich nach den Marktangeboten und die gesamte Karte wird alle drei Wochen je nach Saison geändert. Frische Fische sind immer dabei, beispielsweise als *Festival von Edelfisch und Krusten-*

Mit viel Liebe dekoriert, die Tische und das Drumherum, sowohl draußen vor der Tür ...

… wie auch in der Gaststube und in den gemütlichen Räumen im ersten Stock.

tieren auf leichter Paprikasoße, dazu gibt es Butterreis und einen bunten Salatteller.

Was die Köchin nicht selbst herstellt, wird zweimal wöchentlich frisch von einem nahe gelegenen Delikatessenladen oder aus nachbarschaftlichen Gärten geliefert.

Alle Gäste werden gleichermaßen herzlich behandelt, egal ob Prominenz oder Stammgast. Josef Cillien, genannt Jupp, kommt mit jedem ins Gespräch und hat unzählige Geschichten auf Lager. Überhaupt lässt sich der umtriebige Wirt immer wieder Neues einfallen. Besonders beliebt sind die Candlelight Dinner, bei denen das ganze Haus nur mit Kerzen beleuchtet wird. Einzige Ausnahme: die Küche und der Weg zu den Toiletten.

Im Ausschank gibt es selbstverständlich regionale Biere, doch auch die Weinkarte kann sich sehen lassen. Neben Weinen aus heimischen Anbaugebieten wie Ahr, Mosel und Saar und von Günther Jauchs Weingut von Othegraven in Kanzem, kann der Gast auch ein ausgewähltes Sortiment aus anderen europäischen Ländern verkosten. Wer Hilfe bei der Auswahl braucht, wird gerne fachkundig beraten, was zu den jeweiligen Speisen am besten passt.

In diesem gastlichen Haus stimmt einfach alles, und man darf immer wieder mit Überraschungen rechnen. Nicht nur das Essen ist ein Gedicht. Man kann „als Beilage" sogar Gedichte aus der Feder der begabten Köchin lesen. „Das ist seit vielen Jahren ihr Hobby", verriet uns ihr Mann. Kostprobe gefällig?

Vorfreude
Wenn mit der ersten Morgenröte
Gar freudig die Natur erwacht,
schickt uns der Frühling seine Boten
in ihrer einzig schönen Pracht.
So warm und hell sind all die Farben,
die immer wieder neu entsteh'n,
und alles wächst zu neuem Leben.
Wer wird dies Wunder je versteh'n?

Eine ehemalige Mitarbeiterin fand Petras Gedichte so gut, dass sie einfach eine Auswahl beim Heimatkalender des Landkreises Bitburg-Prüm einreichte. Die dichtende Köchin selbst ist zu bescheiden und hätte ihre Werke womöglich unter Verschluss gehalten. Mittlerweile wurden ihre Verse in zahlreichen Publikationen und Gedichtbänden veröffentlicht.

Die Leidenschaft für das Kochen hat auch einen der beiden Söhne angesteckt. Das war schon im zarten Kindesalter offenkundig, denn sein Lieblingsspielzeug war das Kartoffelschälmesser, mit dem er virtuos Bergen von Kartoffeln zu Leibe rückte. Er trat tatsächlich in die Fußstapfen seiner Mutter und wurde ebenfalls Koch. Für den Fall der Fälle, dass er das elterliche Erbe später nicht antritt, hat das Paar auch schon eigene Zukunftspläne. Nach Beendigung ihrer Arbeit im Restaurant wollen sie ein Kochbuch mit ihren schönsten Rezepten herausgeben. Man darf heute schon gespannt sein!

Doch von Ruhestand ist noch lange keine Rede: Die Gaststube bietet Platz für 30 Personen. Der originelle Stammtisch und der Thekenbereich laden zu einem frisch gezapften Eifeler Landbier ein. Im sogenannten Speisezimmer des Obergeschosses finden 45 Personen Platz, und das kleine, gemütliche Torzimmer mit zwölf Sitzgelegenheiten kann wunderbar für kleinere private Feste genutzt werden.

Ausflugstipp:

Eifelpark Gondorf, ein außergewöhnliches Naturerlebnis, das fast zu Fuß erreichbar ist. Hautnah begegnen Sie den hier lebenden Tieren, zurzeit drei Bären, einigen kanadischen Timberwölfen, Hirschen und Luchsen. Murmeltiere leben im Gelände der Steinböcke und im Streichelzoo sind Zicklein zu bewundern. In freier Natur kann man Greifvögel und Eulen aus der Entfernung bestaunen. Wie spannend Natur sein kann, erfahren Sie bei der Greifvogel-Freiflugschau.

Auch auf anderen Ebenen geht es in diesem Freizeit- und Naturpark richtig rund, zum Beispiel auf den Rutschen, der Achterbahn oder auf dem Eifel-Coaster, einer Art Sommerrodelbahn (Öffnungszeiten der Eifelpark GmbH, Weißstraße 12, 54647 Gondorf unter Telefon: 06565/956633 oder auf www.eifelpark.de).

Tafelspitzsülze auf Roter Bete, mit frischem Koriandergrün garniert

Tafelspitzsülze mit Korianderschmant und Rote-Bete-Carpaccio

400 g Tafelspitz | 1 Zwiebel, mit Schale halbiert und angeröstet | 1 Lorbeerblatt | 1 Knoblauchzehe, geschält | 1 Zweig Thymian | 3–4 Wacholderbeeren | 1 Möhre | 1 Stange Bleichsellerie | 1 Stange Lauch | 3–4 Zweige Petersilie

Sülze 6–8 Blatt Gelatine | je 50 g Lauch, Sellerie und Möhren, klein gewürfelt | ½ l Tafelspitzbrühe | Salz, Pfeffer | etwas Weißweinessig (5%)

Korianderschmant 2 EL Schmant (Crème fraîche) | 1 Msp gemahlener Koriander | Salz, Pfeffer | 1 Prise Zucker | 1 Bund Koriandergrün

Carpaccio 2 gegarte Rote-Bete-Knollen, vakuumiert | 1 TL Mischung aus Salz, Pfeffer und Zucker | 2 EL Olivenöl

■ Am Vortag den Tafelspitz kurz in kochendem Wasser aufwallen lassen, abkühlen und mit frischem kaltem Wasser erneut zum Kochen bringen. Den Schaum abschöpfen, mit allen Zutaten und etwas Salz kurz vor dem Siedepunkt gar ziehen lassen.

■ Fleisch in der Brühe erkalten lassen. Brühe vor der Weiterverwendung durch ein Sieb passieren.

■ Für die Sülze Gelatine in kaltem Wasser einweichen.

■ Gemüsewürfel in Salzwasser knapp gar kochen und im Sieb erkalten lassen.

■ Tafelspitz in Würfel oder Streifen schneiden, mit dem Gemüse vermischen und in eine passende Kastenform (1 l Fassungsvermögen) oder in runde Gläser geben.

■ ½ l der Tafelspitzbrühe leicht erhitzen und die eingeweichte, ausgedrückte Gelatine darin auflösen. Mit Salz, Pfeffer und Weißweinessig nach Geschmack würzen und in die Kastenform füllen. Im Kühlschrank 3–4 Stunden oder über Nacht fest werden lassen.

■ Schmant mit gemahlenem Koriander, Salz, Pfeffer und Zucker würzen. Die Hälfte vom Koriandergrün hacken und unterrühren, übrigen Koriander zum Garnieren beiseite legen.

■ Für das Carpaccio die gegarte Rote Bete in hauchdünne Scheiben schneiden oder hobeln und auf Tellern auslegen. Gewürzmischung mit Olivenöl verrühren und die Rote-Bete-Scheiben damit bepinseln.

■ Sülze aus der Form stürzen und in vier gleichmäßige Scheiben schneiden. Je eine Scheibe Sülze auf das Rote-Bete-Carpaccio in die Tellermitte setzen. Mit Korianderschmant und frisch gezupftem Koriander garnieren.

TIPP

■ Frau Cillien empfiehlt im Sommer die Menge der Gelatine auf acht Blatt zu erhöhen, damit die Sülze einen besseren Stand hat.

Die Weinkarte pflegt die Anbaugebiete an Ahr, Mosel und Saar, bietet aber auch ein Sortiment aus anderen europäischen Ländern.

Kastaniensüppchen mit Trüffelsahne und Balsamico

1 kleine Zwiebel | ½ Stange Lauch | 30 g Butterschmalz | 100 g Champignons, geputzt und halbiert | 200 g Esskastanien (Maronen), gekocht und geschält (fertig gegart vakuumiert oder im Glas erhältlich) | ½ l kräftige Brühe | Salz, Pfeffer | 250 ml Sahne | etwas Honig | etwas Balsamico | etwas Portwein oder Madeira | etwas Trüffelöl

■ Zwiebel schälen und Lauch putzen, beides klein schneiden.
■ In einem Topf das Butterschmalz erhitzen. Zwiebeln und Lauch anschwitzen, Champignons und Kastanien zugeben und kurz mitgaren. Mit Brühe auffüllen und alles weich kochen.
■ Die Suppe im Mixer fein pürieren und abschmecken. Die Hälfte der kalten Sahne unterrühren, die zweite Hälfte aufschlagen und kalt stellen.
■ Honig mit Balsamico und Portwein in einem kleinen Topf zu sirupartiger Konsistenz einkochen.
■ Die Suppe in vorgewärmte Schalen füllen, etwas angeschlagene Sahne darübergeben, mit Honig-Balsamico-Sirup und Trüffelöl beträufeln. Mit feinen Lauchstreifen garnieren.

Eifeler Rehragout mit Omas Holundergelee

Für 8–10 Portionen

2 kg sehnenfreie Rehschulter | 2 EL Schweineschmalz | 500 g Zwiebeln, geschält und grob gewürfelt | 50 g Möhre, klein gewürfelt | 50 g Knollensellerie, klein gewürfelt | Salz, Pfeffer | 1 EL Tomatenmark | 2 EL Mehl | ¾ l Rotwein (Burgunder) | 1–1½ l Wildbrühe | 1 Zweig Thymian | 1 Zweig Rosmarin | 1–2 Lorbeerblätter | 2 Gewürznelken | 150 g Holundergelee

Salz, Pfeffer | 1 Schuss Cognac | etwas Speisestärke

■ Die Rehschulter in 4 cm große Würfel schneiden und in einer Kasserolle im heißen Fett anbraten.
■ Zwiebel und Gemüse zugeben, mit Salz und Pfeffer würzen und alles gut anrösten. Tomatenmark einrühren, kurz mitrösten, mit Mehl bestäuben, dann den Rotwein und ca. 1 l von der Wildbrühe dazugießen.
■ Alle übrigen Zutaten – bis auf Salz, Pfeffer, Cognac und Speisestärke – in den Topf geben, gut umrühren und bei niedriger Hitze sanft kochen lassen, bis das Fleisch gar ist. Wenn nötig, etwas Brühe hinzufügen.
■ Zum Schluss das Ragout mit Salz, Pfeffer und Cognac abschmecken und nach Geschmack mit etwas Stärke binden.

TIPP

■ Semmelknödel, Rotkohl und eine Birnenhälfte mit Preiselbeeren passen hervorragend dazu.

24

Über die Edelsteinstraße zur „Edelsteintorte“

Krista Schneider
im Café Zehntscheune in Herrstein

Adresse
Café Zehntscheune
Schlossweg 13
55756 Herrstein
Telefon: 06785/1658
E-Mail: info@zehntscheune.de
Website: www.zehntscheune.de

Öffnungszeiten
täglich durchgehend warme Küche von 10.00–21.00 Uhr, im Winter nur an den Wochenenden

Möchten Sie eine außergewöhnliche Torte kosten und dazu noch einen Edelstein bekommen? Fahren Sie doch einfach über die Deutsche Edelsteinstraße nach Herrstein – und genießen Sie am prasselnden Specksteinofen neue Tortenkreationen von Krista Schneider oder Köstlichkeiten aus Großmutters Küche.

Geboren in Wisconsin/USA kam Krista als Tochter einer Amerikanerin und eines Deutschen mit 8 Jahren nach Herrstein, in die Heimat ihres Vaters. Schon sehr früh hatte sie klare Vorstellungen. „Ich liebte Kuchen und es war schon ganz früh mein Traum, ein eigenes Café zu haben und hierfür auch den Kuchen zu backen. Als Kind besuchte ich nach der Schule und wann immer ich Zeit hatte, den Bäcker des Dorfes in seiner Backstube. Hier holte ich mir die ersten Tipps“, erinnert sie sich lachend. Und dann war es soweit: Als Teenager eröffnete sie ihr erstes Café im Elternhaus. Im Wohnzimmer stand ihr ein Tisch zur Verfügung und so begann ihre Karriere als selbstständige Cafébetreiberin. Schnell wuchs die Gästeschar und sie musste vergrößern. Hilfe bekam sie von ihrem Vater, der ihr Talent erkannte und die alte Zehntscheune, zu einem Restaurantbetrieb umbaute.

Mehr als „nur“ ein Café: Hier locken neben kunstvollen Torten auch deftige Gerichte aus der Landhausküche.

Das historische Renaissance- Bauwerk mit meterdicken Bruchsteinwänden wurde ca. 1525 errichtet und ist das älteste dokumentierte Gebäude des Orts. Ursprünglich diente es der Aufbewahrung der Zwangsabgaben, des Zehnten, den die Bauern an die Herrschaft entrichten mussten. Ein Stück des ehemaligen Wehrganges läuft sichtbar durch den Gastraum. Der Blick von unten zum Spitzgiebel in ca. 10 m Höhe ist frei und imposant. Eine Seitenwand ist Teil der Stadtmauer. Im Zuge der Denkmalpflege wurde Herrstein ein Vorzeigeort. Die Zehntscheune sowie über 50 weitere Fachwerkhäuser wurden um 1980 aufwendig renoviert. Ein Besuch des historischen Stadtkerns mit seiner mittelalterlichen Atmosphäre lohnt sich auf jeden Fall.

Kleine Kuriositäten sind überall im Raum zu finden: Pfeffer- und Salzstreuer in verschiedensten Formen, z. B. als Auberginen, Hühner und Hähne und dergleichen mehr, Milchkännchen in Form einer Kuh, aber auch Kaffeekannen und Leuchter aus Silber. Man erkennt die Sammlerleidenschaft der mittlerweile mittelständischen Unternehmerin, für die nunmehr 13 bis 14 Leute arbeiten.

Krista Schneiders große Liebe gilt dem Backwerk.

Seit dem Umzug in die Zehntscheune, bietet die dynamische Köchin neben den Kuchenköstlichkeiten auch warmes Essen an. Der *Stramme Max* und *Omas dicke Suppe* zählten zu den ersten Gerichten, die auch heute noch auf der Speisekarte zu finden sind. Sie hat auch das *Herrsteiner Duett* – ein altes Rezept der Großmutter ihres Mannes – wieder aufleben lassen. Ein mit Hackfleisch und Lauch gefüllter Kloß und ein Leberkloß werden in einer Speckrahmsauce und mit Apfelmus aufgetischt. Bestellt man den *Rollbraten mit Rotkraut und Klößen* (Rotkraut und Klöße sind natürlich selbst gemacht), erhält jeder einen eigenen kleinen geschnürten Rollbraten. Lieferant für das Fleisch ist der Metzger des Ortes.

Nichtsdestoweniger gilt ihre große Liebe dem Backwerk. Die Auswahl der süßen Verführungen ist schier unglaublich und gipfelt in der *Edelsteintorte*, die es sonst nirgendwo gibt. Jeder stellt sich die Frage: Bekomme ich wirklich einen Edelstein – und vor allem welchen? Des Rätsels Lösung: Auf jedem Stück Torte liegt ein kieselsteingroßer Edelstein (Rosenquarz, Achat etc.), aus Hygiene- und Sicherheitsgründen in Zellophan oder Gaze verpackt. Wohlschmeckend ist die Torte allemal – soviel sei verraten –, nur probieren müssen Sie schon selber.

Ausflugstipps

Herrstein ist der Ausgangspunkt zum **Traumschleifen „Mittelalterpfad“** (Informationen auf www.edelsteinstrasse.de), den man sich nicht entgehen lassen sollte. 2010 wurde er zum schönsten Premium-Wanderweg Deutschlands gekürt. Auf einer Wegstrecke von 8,6 km kann man sich in 2½–3 Stunden für die Köstlichkeiten der Zehntscheune hungrig wandern.

Herrsteiner Duett mit Speckrahmsauce

Im großen Hof vor der Zehntscheune können bis zu 60 Personen in rustikalem Mobiliar Hunsrücker Spezialitäten sowie die Kuchen genießen. Eine Vorrichtung für Schwenkbraten, einer Besonderheit der Region, steht mitten im Innenhof.

Kloßmasse 8 große Kartoffeln, fest kochend | etwas Salz

Füllung 2 trockene Brötchen | 500 g Hackfleisch, gemischt | 2 EL Öl | ½ Stange Lauch | Salz, Pfeffer | 1 Bund Schnittlauch, fein geschnitten

Speckrahmsauce 150 g Speck | 1 Zwiebel, geschält | 1 TL Mehl | 100 ml Brühe | 100 ml Sahne | Salz, Pfeffer

4 Leberklöße (beim Metzger bestellen)

■ Die Hälfte der Kartoffeln in der Schale weich kochen, pellen und durch eine Presse drücken. Die übrigen Kartoffeln schälen, roh reiben und in einer Schüssel etwas stehen lassen. Die rohen, geriebenen Kartoffeln mitsamt ihrem Saft und den gepressten gekochten Kartoffeln zu einem Teig verarbeiten und mit Salz abschmecken.

■ Für die Füllung Brötchen klein schneiden und in warmem Wasser einweichen.

■ Hackfleisch in einer Pfanne im Öl anbraten und mit Salz, Pfeffer und Schnittlauch würzen. Lauch fein schneiden, zum Fleisch geben und mitbraten, bis er weich ist. Die Brötchen ausdrücken und unter das Gehackte mischen. (Weiter auf Seite 160.)

Herrsteiner Duett mit Speckrahmsauce

■ Aus dem Kartoffelteig vier Klöße formen und mit der Füllung füllen (dazu die Teigportion auf die Handfläche nehmen, die Füllung eindrücken, verschließen und einen runden Kloß formen).

■ Salzwasser zum Kochen bringen, alle Klöße einlegen, wenn das Wasser erneut kocht, die Temperatur auf minimale Stufe regeln und die Klöße 20 Minuten ziehen lassen.

■ Für die Speckrahmsauce gewürfelten Speck ohne Fett in die Pfanne geben und anbraten. Zwiebel würfeln, zugeben und glasig anschwitzen. Mit Mehl bestäuben und mit Brühe und Sahne aufgießen. Gut verrühren und die Sauce köcheln, bis sie leicht bindet. Mit Salz und Pfeffer vorsichtig abschmecken.

■ Leberklöße erst kurz vor dem Servieren in siedend heißem Salzwasser 10 Minuten ziehen lassen.

■ Leber- und gefüllte Kartoffelklöße aus dem Sud nehmen und auf vorgewärmten Tellern anrichten. Klöße mit Speckrahmsauce überziehen und servieren.

■ Dazu serviert Krista Schneider Apfelmus.

Edelsteintorte

Für eine Springform mit 24 cm Ø

Biskuit 4 Eigelbe | 50 ml warmes Wasser | 150 g Zucker | 200 g Mehl | 2 TL Backpulver | 4 Eiweiß | Butter und Mehl für die Form

Füllung 800 g Waldbeeren | 200 ml Apfelsaft | 2 Päckchen Vanillepudding

Creme 6 Eiweiß | 55 g Zucker | 3 TL Vanillezucker | 100 ml Wasser | 230 g Zucker | 375 g Butter

Garnitur etwas Goldstaub oder Dekor nach Belieben

■ Backofen auf 170 °C vorheizen.
■ Eigelbe mit dem warmen Wasser verrühren, Zucker, Mehl und Backpulver hinzufügen und alles gut vermischen.
■ Eiweiß steif schlagen und luftig unter die Masse heben.
■ Den Teig in eine gebutterte und mit Mehl ausgestäubte Springform füllen und im vorgeheizten Backofen 20 Minuten backen.
■ Die Beeren im Saft aufkochen und mit dem Vanillepudding verrühren. Erkalten lassen oder die Füllung auf Eiswasser kaltrühren.
■ Für die Creme Eiweiß in einer Rührschüssel über dem heißen Wasserbad mit Zucker und Vanillezucker schlagen, bis es glänzt und cremig-fest wird. 100 ml Wasser zum Kochen bringen und den Zucker darin auflösen. Diesen Sirup schnell ins Eiweiß rühren, dann die Butter zügig hinzufügen und weiterschlagen, bis sie geschmolzen ist. Die Schüssel auf Eiswasser stellen und die Creme kalt rühren.
■ Den Biskuitboden zweimal quer durchschneiden, die zwei unteren Lagen mit der Füllung bestreichen und wieder zur Torte zusammensetzen. Anschließend den Deckel und die Seiten mit Hilfe einer Palette mit der Creme bestreichen. Die Torte ist ganz weiß, nach Belieben kann man sie weiß belassen und mit einem Dressiersack mit feiner Tülle ein Dekor aus der Creme aufspritzen, etwas Goldpuder darüberstäuben oder nach Wunsch dekorieren.

Die Edelsteine für die Torte sind in Zellophan verpackt.

25

Familientradition am Rhein

Andrea Rüdell
im Flair Hotel Alter Posthof in Spay

Adresse
Flair Hotel
Alter Posthof
Mainzer Straße 47
56322 Spay/Rhein
Telefon: 02628/8708
Fax: 02628/3001
E-Mail: info@alterposthof.de
Website: www.alterposthof.de

Öffnungszeiten
Restaurant täglich
11.45–13.45 Uhr und
17.45–21.45 Uhr
Mi erst ab 18.00 Uhr
nachmittags gibt es eine
Vesperkarte
Hotel 24 h geöffnet

Gastfreundschaft wird in dem 1802 von der Familie erbauten Haus groß geschrieben. Zusammen mit ihrer Mutter verwöhnt Andrea Rüdell meisterhaft ihre Gäste mit frischer, hochwertiger Qualität, mit klassischen, heimischen Gerichten und vor allem mit Wildspezialitäten aus dem heimischen Revier.

„Warum ist es am Rhein so schön?“: Ein altes Volkslied, geschrieben von Adolf von Bergsattel und Franz Suppan, wies schon früh auf die Schönheit dieser Region hin. Mittlerweile gehört das obere Mittelrheintal zum UNESCO-Welterbe und bietet rechts und links des Rheins zahlreiche Burgen und die sagenumwobene Loreley als attraktive Ausflugsziele an. Die anmutige Natur können Sie auch mit dem Fahrrad erkunden. Vor dem Eingang des „Alten Posthofs“ stehen Fahrräder für die Gäste des Hotels, die hier in dieser idyllischen Gegend gerne einige Urlaubstage verbringen.

Als gelernte Hotelfrau und Köchin, die auch eine Sommelierschule besucht hat, war es für Andrea Rüdell von Anfang an klar, den Familienbetrieb zu übernehmen. „Als Kind bekam ich schon mit, dass meine Eltern wenig Zeit hatten und dass viel Arbeit in allem steckt, trotzdem kam für mich nie ein anderer Beruf in Frage“, bemerkt sie. Seit 2006 führt sie nun nach bewährter Familientradition das Hotel mit dem Restaurant in eigener Regie.

Einladende Fassade des gastfreundlichen Hauses

Das Raumangebot im Restaurant des Alten Posthofs ist vielseitig. In vergangene Zeiten fühlt man sich in der Bauernstube zurück versetzt. Sechs Personen finden hier gemütlich Platz. Das alte hölzerne Posthalteschild aus früherer Zeit schmückt die Wand. Das Stirnholzparkett, das anfänglich in Pferdeställen verlegt wurde, zeugt ebenfalls von vergangenen Tagen. Die Kaminstube

Gemalte Aussicht vom Rosensaal im Anbau auf das romantische Rheintal

mit 30 Plätzen und auch die Poststube finden großen Anklang für ausgelassene Feierlaune im kleinen Kreis.

Eine Besonderheit ist die „Kleine Kneipe". Hier darf nämlich geraucht werden, denn die Wirtin hat ein Herz für Tabakfreunde. Der Blick in den großen Humidor offenbart einen Schatz ausgesuchter Zigarren.

Der neu gestaltete Biergarten ist im Sommer ein beliebter Treffpunkt und bietet eine weitere Möglichkeit, die vorzügliche Küche dieser Weiberwirtschaft zu genießen, beispielsweise ein *Möhren-Ingwersüppchen mit Kartoffelstroh* oder ein zartes *Lammragout in Rosmarinsauce* mit geschwenkten Schupfnudeln und grünen Speckböhnchen.

Der Genießer weiß, Abwechslung und Qualität machen das Essvergnügen aus. Und hier lässt sich die Hausherrin für ihre Gäste immer etwas einfallen. Im Februar wird der Rosensaal für den „Kulinarischen Dialog" besonders aufwendig hergerichtet. Bis zu 90 Gäste erwartet an kunstvoll gestalteten Tischen ein siebengängiges Überraschungsmenü, das seinem Namen alle Ehre macht. Die Menükarte beschrieb 2010 beispielsweise nur rudimentär die einzelnen Gänge, doch kurz vor dem Servieren klärte eine zweite Karte über deren Details auf. Jedes Jahr sehen so die Gäste den Gängen mit Spannung entgegen. Das besondere Angebot ist immer in kürzester Zeit ausgebucht. Maximal 90 Gäste können am Dialog teilnehmen.

Eine weitere Attraktion ist seit 15 Jahren der „Weinfrühling". Immer am letzten Wochenende im April erfreuen die örtlichen Gastronomen und Winzer damit die Gästeschar. Ein 3 1/2 km langer Wanderweg führt in Etappen durch die Weinberge. Viele Stände laden zum Verweilen, Essen und Trinken ein. Beispiele der kulinarischen Genüsse, die Andrea Rüdell dort präsentierte, sind *Bärlauchkäsespätzle, Wildragout in Wachholdersauce und Preiselbeersahne* mit Kartoffelknödel oder *Brot mit hausgemachtem Wildschweingriebenschmalz* und Röstzwiebeln.

Ausflugstipps

Eine **Wanderung durch die Weinberge** mit Blick auf den Rhein und das Loreleytal bietet sich geradezu an.

Ebenfalls empfehlenswert ist der **Ausblick auf die Rheinschleife,** ein einmaliges Naturschauspiel. Nehmen sie den Sessellift von Boppard aus. Er führt zum Aussichtspunkt „Vierseenblick".

Rehragout in Wacholdersauce

1 kg Rehunterschale, pariert | 5 Wacholderbeeren | Pfeffer aus der Mühle | 1 Zweig Thymian | ½ l Spätburgunder Rotwein | Salz, Pfeffer aus der Mühle | 50 g Schweineschmalz | 2 mittelgroße Zwiebeln, geschält und grob gewürfelt | 1½ l Wildfond | ca. 1 EL Speisestärke | ca. 1 EL Mehl | 200 ml Sahne | 4 EL Preiselbeeren

■ Am Vortag das Fleisch waschen, trocken tupfen und in 2 cm große Würfel schneiden. Die Wacholderbeeren grob zerdrücken. Die Rehwürfel mit Wacholder, grobem Pfeffer, Thymian und Rotwein in einer Schüssel gut vermischen und über Nacht kühl gestellt marinieren.

■ Das Fleisch in einem Sieb abtropfen lassen, dabei die Marinade auffangen. Das Fleisch trocken tupfen, mit Salz und Pfeffer würzen.

■ In einem Bräter Schmalz erhitzen und Fleischwürfel kräftig darin anbraten. Nachdem sie Farbe angenommen haben, Zwiebeln hinzufügen und mitbraten. Mit der Hälfte der Marinade ablöschen und das Ragout ca. 1 Stunde bei mittlerer Hitze garen.

■ Danach den Wildfond angießen und 20 Minuten bis zur Hälfte einkochen lassen (je nach Alter des Tieres kann sich die Schmorzeit verkürzen oder verlängern).

■ Die Fleischstücke aus dem Topf fischen und in eine vorgewärmte Schüssel geben. Die Speisestärke und das Mehl mit etwas von der übrigen Marinade anrühren, Schmorfond damit binden, aufkochen und durch ein Sieb streichen.

■ Bratensauce mit Salz und Pfeffer abschmecken, dann die Hälfte der Sahne und die Hälfte der Preiselbeeren unterrühren und die Fleischstücke zurück zur Sauce geben. Noch einmal aufkochen. Die restliche Sahne steif schlagen und die Preiselbeeren unterheben.

■ Preiselbeersahne kurz vor dem Servieren auf das Ragout geben.

TIPP

■ Frische Pfifferlinge, mit Zwiebeln und Speck in Butter angebraten, vollenden das Gericht.

Bärlauch-, Spinat-, Haselnuss- und Kräuterspätzle nach Posthofart

Ein Rezept, viele Varianten, jeweils für 5 Portionen als Beilage

Spätzle, Grundrezept 500 g Mehl | 6 Eier | 100 ml Milch | 10 g Salz | Muskatnuss, frisch gerieben

Varianten je nach Jahreszeit 100 g Bärlauch oder | 80 g Kräuter z. B. Petersilie und Schnittlauch oder | 150 g frischer Blattspinat oder | 100 g fein geriebene Haselnüsse (zur Weiterverarbeitung als Käsespätzle geschmacklich nicht so gut geeignet)

Das Weinangebot gibt den Winzern aus der Gegend den Vorzug und die Gäste können jeden Wein auch im 0,1-Liter-Glas bekommen.

■ Das gesiebte Mehl mit den restlichen Zutaten zu einem sehr glatten Teig schlagen, bis er Blasen bildet. Als einfache Zubereitung direkt durch die Spätzlepresse in einen großen Topf mit kochendem Salzwasser drücken oder traditionell schaben: Dazu kleine Teigmengen auf ein angefeuchtetes, vorne abgeflachtes Brett geben, mithilfe einer Palette glatt streichen, dann das Brettchen mitsamt dem aufgestrichenen Teig kurz in das Kochwasser tauchen und mit der Palette dünne Teigstreifen vom Brett in das kochende Salzwasser schaben.
■ Nach einmaligem Aufkochen die Spätzle mit einer Lochkelle aus dem Salzwasser nehmen und kurz in kaltes Wasser geben. In einem Sieb gut abtropfen lassen, danach die Spätzle auf ein mit einem Tuch bedecktes Blech auslegen.
■ Vor dem Servieren die Spätzle in einer Pfanne mit schäumender Butter erhitzen.
■ Je nach Jahreszeit Bärlauch, Kräuter oder Spinat sehr fein hacken oder pürieren, mit den Eiern verquirlen, durch ein Sieb passieren und dann weiterverarbeiten, wie im Grundrezept beschrieben. Für die Haselnussvariante die fein geriebenen Haselnüsse unter die fertige Spätzlemasse mischen.
■ Serviervorschläge für die in Butter erhitzten Spätzle: Rehrücken mit Apfelrotkohl und Haselnussspätzle; Lammschmorgerichte dazu Rosmarinsauce mit Grilltomate und Bärlauchspätzle; Kalbsrückensteak mit Senfsauce und Spinatspätzle oder Schweinefilet mit Tomaten und Mozzarella überbacken und Kräuterspätzle.

Käsespätzle

Bärlauch-, Spinat- oder Kräuterspätzle nach Rezept wie auf der linken Seite beschrieben (Haselnussspätzle sind nicht so gut geeignet) | 1 mittelgroße Zwiebel, geschält | 250 g Emmentaler, gerieben | Salz, Pfeffer aus der Mühle | Muskatnuss, frisch gerieben | 50 g Röstzwiebeln

■ Zwiebel in Streifen schneiden und in einer Pfanne in Butter goldgelb anschwitzen.
■ Spätzle hinzufügen und weiterbraten, dabei alles gut vermischen.
■ Geriebenen Käse hinzufügen und schmelzen lassen.
■ Mit Salz, frisch gemahlenem Pfeffer und Muskat abschmecken, die Röstzwiebeln darüberstreuen und sofort servieren.

26

Selbst ist die Frau

Marion Stahl
im Weinhaus Restaurant Römerburg in Boppard

Adresse
Weinhaus Restaurant Römerburg
Burgplatz 3
56154 Boppard
Telefon: 06742/82353
Fax: 06742/86575
E-Mail: weinhausroemerburg@t-online.de
Website: www.roemerburg-boppard.de

Öffnungszeiten
täglich 18.00–22.00 Uhr
(April–November: Mi–So auch 12.00–14.00 Uhr)
Mo Ruhetag

Die Römerburg hat ein spannendes Programm. Dazu zählt nicht nur der „Krimi mit Menü", sondern auch die Speisekarte mit internationalen Spezialitäten. Spannend ist auch die Karriere der Wirtin von der Sprachstudentin zur anerkannten Gastronomin.

„Wer nicht genießt, ist ungenießbar!". Nach diesem Leitspruch bietet die Wirtin des Restaurants Römerburg ihre neue deutsche Küche seit 2007 im Turm der ehemaligen Stadtmauer an. Das Besondere an ihrer Küche? Sie ist jung, frisch und temperamentvoll, also traditionell und gleichzeitig modern.

Geplant hatte Marion Stahl ihr Leben eigentlich ganz anders. Sie wollte Sprachen studieren. Während der Wartezeit auf einen Studienplatz, unterbrochen durch einen Aufenthalt in den USA, jobbte sie als Kellnerin. Sie fand Spaß an diesem Metier und der Geselligkeit mit den Gästen. Wie so oft gibt es Zufälle, die dem Leben eine Wendung geben. Im Jahr 2005 wurde die Römerburg frei. Aus einer ehemaligen Kneipe gestaltete Marion ihr Restaurant. Nach aufwendigen Renovierungen war das der Startschuss für ihr Leben als Gastronomin. Vorerst nur hinter dem Tresen, doch manchmal kommt es anders, als man denkt. Mitten in der Saison verließ ihr Koch ohne Vorwarnung seinen Arbeitsplatz und auf die Schnelle gab es keinen Ersatz. Selbst ist die Frau, dachte die Wirtin und nahm selber den Kochlöffel in die Hand. Vorbild für ihre heutigen Kochkünste war ihre Großmutter. Sie machte die besten *Armen Ritter* – ihr altes Nudelholz besitzt die Enkelin noch, „weil es diese Qualität heute nicht mehr gibt".

In der Römerburg wird Modernes mit Historischem kombiniert.

In der Römerburg herrscht nun ein frischer Wind. In ihrer Küche zaubert sie rosa gebratenes *Hüftsteak mit Folienkartoffeln und sour cream*, sicherlich in Erinnerung an ihre Zeit in den USA, wahlweise auch mit Bratkartoffeln. Oder das *Römerburg*

Pfännchen, ein saftiges Schweinerückensteak in Pilzrahm. Für den kleineren Appetit bietet sie *Enchiladas* in mehreren Variationen an. Spannend und international sind auch ihre Vorspeisen, wie z. B. *hausgemachte Antipasti und in Kräutern gegarte Garnelen*. Auch den *Kürbis in knuspriger Käsekruste* sollte man probieren. Heute: *Lammbraten aus der Keule* – auf einer alten Tafel über dem Tresen steht das jeweilige Tagesgericht und die Gäste schätzen die Küche der Hausherrin, weil sie einfache Gerichte gut und frisch zubereitet, auch die saftige *Aprikosentarte*.

Die Weine kommen selbstverständlich von Winzern aus dem Anbaugebiet des Mittelrheins. „Es ist doch der beste Wein", sagt Marion Stahl. Vom Schoppenwein bis zur edlen Aus- oder Spätlese treten die Rebensäfte den Beweis an. Für ihre Gäste arrangiert sie auf Wunsch auch variantenreiche Weinproben bei ihren Lieferanten.

Kürbis für das Rezept auf Seite 172

Im Restaurant fällt sofort auf – hier wird Historisches mit Modernem gekonnt kombiniert. „Altes muss man lassen, aber etwas Neues hinzufügen". Der Spagat ist gelungen. In der Ecke des Speisesaals, im französischen Bistrostil gehalten, steht als Zeitzeuge eine Ritterrüstung. Ein bleiverglastes Fenster schmückt den holzvertäfelten Raum. Im Thekenbereich bieten Stehtische Platz für zwanglose Zusammentreffen oder den entspannten Ausklang eines Arbeitstages.

Großes Interesse findet der „gespielte Krimi mit Menü". Elf Schauspieler unterhalten die 35 bis 40 Gäste professionell und mit Spielfreude in spannungsgeladener Atmosphäre. Die letzte Aufführung: „In Liebe, Deine Familie", eine Testamentsgeschichte, war ein besonderes Highlight, genauso wie das dreigängige Menü, das dazu serviert wurde:

Die passende Umgebung für zwanglose Zusammentreffen oder den „gespielten Krimi mit Menü“

Süppchen von zermalmter Petersilienwurzel mit aufgespießter Garnele & Kirschtomate;

Hähnchenbrust, zuerst erdolcht und dann gebraten in einen Mantel aus Parmaschinken gewickelt, gebettet auf Spargelragout und Nuss-Kartöffelchen;

Apfelscheiben – im klebrigen Teig ertränkt und in heißem Fett gebacken, dazu unschuldiges weißes Schokoladeneis – hausgemeuchelt!

Sehr idyllisch kann man an wärmeren Tagen auf der hübschen Terrasse sitzen. Unter der Linde im Sommergarten vor dem Haus genießt man den Blick auf den Rhein.

Auch Marion Stahl beteiligt sich übrigens als Gastronomin bei dem im vorhergehenden Kapitel bereits erwähnten „Mittelrheinischen Weinfrühling“, der kulinarischen Wanderung durch die Weinberge.

Ausflugstipps

Die römische Geschichte begegnet dem Besucher in Boppard auf Schritt und Tritt. Mächtige Mauern und Türme prägen den Ortskern und gelten als die am besten erhaltenen Festungsmauern. Erbaut wurde das **römische Kastell** in der ersten Hälfte des vierten Jahrhunderts n. Chr. In einem Eckturm des Kastells, unmittelbar am Rheinufer gelegen, befindet sich das Weinhaus Römerburg.

Wanderfreunden bietet am gegenüberliegenden Rheinufer der **Rheinsteig** kurze oder lange Touren mit spektakulären Ausblicken auf schmalen Wegen – auf jeden Fall ein Genuss, auch wenn man nicht die vollen 320 km geht (mehr auf www.rheinsteig.de).

Kürbis mit knuspriger Käsekruste

500 g vollreife Tomaten | 1 große Zwiebel | 3 Knoblauchzehen | 1 Zweig Rosmarin | 100 g Crème fraîche | Salz und schwarzer Pfeffer aus der Mühle | 1 kg Hokkaido Kürbis | 4 EL Olivenöl | 1–2 Scheiben altbackenes Vollkornbrot | 150 g geriebener Käse (Emmentaler oder Greyerzer) | 30 g kalte Butter

■ Tomaten mit heißem Wasser übergießen, kurz darin ziehen lassen und häuten, dann vierteln und dabei die Stielansätze und die Kerne entfernen. Das Tomatenfruchtfleisch pürieren oder sehr fein hacken.

■ Zwiebel und Knoblauchzehen schälen und so fein zerkleinern, dass sie ebenfalls fast püriert sind.

■ Rosmarin waschen, Nadeln abzupfen und sehr fein hacken. Zusammen mit den vorigen Zutaten unter die Crème fraîche rühren, mit Salz und Pfeffer abschmecken.

■ Den Backofen auf 220 °C Grad vorheizen.

■ Kürbis waschen, trocken tupfen und in etwa 1 cm große Würfel schneiden (der Hokkaido kann mit Schale verwendet werden).

■ Etwas Öl in einer Pfanne erhitzen und die Kürbiswürfel unter Wenden portionsweise nach und nach braten, bis sie glasig sind.

■ Gebratene Kürbiswürfel in eine feuerfeste Form legen. Tomatenmasse darüber verteilen und glatt streichen.

■ Brot in kleine Würfelchen schneiden, mit dem geriebenen Käse vermischen und über die Tomaten streuen. Alles mit Butterflöckchen belegen.

■ Nach ca. 30 Minuten im Backofen sollte der Kürbis weich sein und sich eine hellbraune Kruste gebildet haben.

■ Dazu passt selbst gemachtes Kartoffelpüree und Salat oder kurzgebratenes Fleisch.

Aprikosentarte

Belag ca. 600 g reife Aprikosen (außerhalb der Saison: aus der Dose) | ½ l Weißwein | 2–3 EL Zucker

Tarteboden 125 g Butter | 125 g Mehl | ½ TL Backpulver | 1 Briefchen Vanillezucker | 1 Prise Salz | 125 g Quark

Guss ⅛ l Sahne | 1 EL Weinbrand | 30 g Mehl | 100 g Zucker

■ Aprikosen halbieren und Stein entfernen. Aprikosenhälften in kochendem, gezuckertem Weißwein blanchieren (die Länge richtet sich nach dem Reifegrad der Früchte; sie dürfen nicht zu weich werden). Gut abtropfen lassen und die Haut abziehen.
■ Backofen auf 200 °C vorheizen.
■ Butter in einer Schüssel mit dem Schneebesen schaumig schlagen. Nach und nach das Mehl mit dem Backpulver und die restlichen Teigzutaten hinzufügen, alles zu einem glatten Teig verarbeiten.
■ Den Teig in eine gefettete Springform geben, dabei einen kleinen Rand formen.
■ Die Tarte mit den blanchierten, gut abgetropften Aprikosenhälften belegen und 20 Minuten im vorgeheizten Ofen backen.
■ Aus der Sahne mit Weinbrand, Mehl und Zucker einen Guss anrühren. Guss über dem Aprikosenbelag verteilen und die Tarte im Backofen weitere 25 Minuten fertigbacken.

TIPP

■ Aus dem gezuckerten Weißwein, in dem die Aprikosenhälften blanchiert wurden, können Sie noch eine luftige Sabayon herstellen.

27

Die Köchin mit Leib und Seele

Elke Sterk
in der Gutsschänke in Gau-Algesheim

Adresse
Gutsschänke
Im alten Kornspeicher
Familie Sterk
Laurenziberg 32
55435 Gau-Algesheim
Telefon: 06725/6350
E-Mail: weingutsterk@aol.com

Öffnungszeiten
Fr ab 18.00 Uhr, Sa ab 17.00 Uhr,
So ab 16.00 Uhr

Auf dem Laurenziberg kann man noch mehr genießen als den herrlichen Blick in den Rheingau. Wer vor romantischem Kaminfeuer Elke Sterks Rumpsteak oder ihre Wildspezialitäten aus dem eigenen Jagdrevier gegessen hat, fühlt sich wie in einer Oase.

Schon die Anfahrt zur Gutsschänke ist außergewöhnlich. Diese Insel jenseits des Alltags erreicht man von Gau-Algesheim über eine schmale Straße, gesäumt von Weinbergen und Wiesen, die hinauf auf den Laurenziberg führt. Der Weiler, wenige Häuser und landwirtschaftliche Betriebe, liegt 250 m über dem Meer. Man passiert die kleine Ortschaft, folgt den Schildern und gelangt zu einem größeren Hofgut. Am Ende des großen Innenhofs befindet sich der ca. 1780 erbaute *Alte Kornspeicher*, früher noch mit Stallungen, einer Schmiede und Bäckerei. Heute ist das Anwesen hübsch renoviert und wird noch teilweise als Winzerbetrieb genutzt.

Bis zu 70 Personen können im Kornspeicher essen und trinken.

Die ausgebildete Zahntechnikerin Elke Sterk lernte 1995 ihren Ehemann Markus kennen, der nach dem plötzlichen Tod seines Vaters mit seiner Mutter den elterlichen Betrieb und die angeschlossene Straußwirtschaft übernommen hatte. Schon nach kurzer Zeit half sie in ihrer Freizeit dort mit. Die Schwiegermutter brachte ihr das Kochen bei, und schnell merkte sie, dass ihr das Bewirten viel Freude machte. Sie gab ihre Stelle auf, das junge Paar nutzte dies als Chance und plante eine Erweiterung. 2001 wurde aus der saisonalen Straußwirtschaft eine Gutsschänke, die nun fast das ganze Jahr geöffnet hat, mit Elke Sterk als Herrscherin in der Küche.

Von hier oben hat man einen unverbauten Ausblick in den Rheingau und bei klarer Sicht liegt der Kleine Feldberg zum Greifen nah. Im großen Hauptraum, vor 200 Jahren aus Natursteinen gemauert, fällt sofort der Kamin ins Auge. Die Gäste lieben das romantische Kaminfeuer und das gemütliche Ambiente in der kalten Jahreszeit. Zusätzlich kommt Wärme aus der Heizung – man muss also nicht frieren, wenn man hier einige schöne Stunden verbringen möchte. Das im Raum stehende Klavier inspiriert manchen Gast, einige Musikstücke zum Besten zu geben. Als Lohn winken ihm ein Schoppen der Wirtsleute und der Applaus der Gäste.

Wer deftige und gut bürgerliche Küche mag, ist gut aufgehoben. Das gilt für die *Sauerkrautvariationen* wie für die *Buttermilch-Pfannkuchen*. Bei den Hauptgerichten sticht das *Argentinische Rumpsteak* besonders hervor. Nur Laien glauben, dass man bei einem solchen Klassiker nicht viel falsch machen kann. Sterneköche wissen mehr und genau deshalb kommt Eva Eppard vom *Andante* in Mainz-Finthen in den alten Kornspeicher, um das perfekte Rumpsteak zu genießen.

Elke Sterk kann sich keinen anderen Beruf mehr vorstellen.

Elke und Markus Sterk haben beide den Jagdschein erworben und auch ein eigenes Jagdrevier. Man kann sicher sein, dass stets frisches und hervorragendes Wild auf den Teller kommt. Die *Wildschweinsülze* und die *Wildschweinbratwurst* sind etwas Besonderes und in der Saison ein Genuss. Doch alles hat seine Grenzen: Die jungen Wirtsleute fanden kürzlich zwei junge Wildschweine, die sie nun großziehen. Auf die Frage, ob sie irgendwann in den Kochtopf wandern? „Auf keinen Fall, sie haben doch schon Namen".

Die kleine Weinkarte ist dennoch vielfältig. Ein Winzersekt und einige Schnäpse runden das Angebot ab.

Im Sommer wird auch im Garten hinter dem *Kornspeicher* gegessen und getrunken. Die Gäste – meist Familien mit Kindern und junge Leute – sitzen an Biertischgarnituren, bedienen sich selbst und blicken auf Pferdekoppeln und die Weiten von Rheinhessen. Ein Hang zur Natur ist auch außerhalb der Kochtöpfe spürbar: Hinter dem Garten können sich die Kinder auf dem Spielplatz austoben. Hühner tummeln sich auf der Wiese und Frettchen im Käfig schauen zu.

Befragt man die Wirtin zu ihrem Wechsel in die Selbstständigkeit, antwortet sie: „Ich kann mir keinen anderen Beruf mehr vorstellen. Ich habe Blut geleckt und bin Köchin mit Leib und Seele".

Ausflugstipp

Nur knapp 2 km entfernt liegt das **Benediktinerkloster Jakobsberg in Ockenheim.**

Buttermilch-Pfannkuchen mit Räucherlachs und einer Meerrettich-Crème-fraîche

Buttermilch-Pfannkuchen

150 g Weizenmehl, Type 405 | 100 g Weizenvollkornmehl | 1 TL Backpulver | 400 ml Buttermilch | 3 Eier (Größe M) | 150 g Hüttenkäse | Salz, Pfeffer | ½ EL Zitronensaft | 1 Bund Lauchzwiebeln, geputzt | 1 EL gehackte Petersilie | Öl zum Braten

■ Beide Mehlsorten mit Backpulver und Buttermilch verrühren. Die Eier und den Hüttenkäse unterrühren und den Teig mit Salz, Pfeffer und Zitronensaft würzen. 20–30 Minuten ruhen lassen, zum Schluss die Lauchzwiebeln in Ringe schneiden und zusammen mit der Petersilie unter den Teig rühren.

■ In einer Pfanne in etwas Öl nach und nach kleine Pfannkuchen aus dem Teig backen.

■ Zu den Buttermilch-Pfannkuchen passen Räucherlachs mit Meerrettich-Crème-fraîche und Salat.

TIPP

■ Die Reste vom Pfannkuchen können auch kalt gegessen werden.

Sauerkraut-Variationen

Ofen-Sauerkraut 800 g Sauerkraut | 300 g Zwiebeln, geschält | 1 Möhre | 2–3 EL Butterschmalz | 2–3 EL Zucker | 200 ml Weißwein | 2–3 Lorbeerblätter | 300 ml Gemüsefond | Salz, Pfeffer

Kürbis-Sauerkraut 600 g Fruchtfleisch vom Butternut-Kürbis | 3 Zwiebeln | 2 EL Öl | 1 EL Butterschmalz | 400 g Sauerkraut, abgetropft | 250 ml Apfelsaft | 200 ml Gemüsefond | 2 Lorbeerblätter | 3 Wachholderbeeren | 1 Nelke | 200 ml Sahne | Salz, Pfeffer | Zucker

2 EL Kürbiskerne

■ Für das **Ofen-Sauerkraut** das Sauerkraut gut abtropfen lassen, die Zwiebeln in feine Streifen schneiden, die Möhre schälen und in fingerdicke Stifte schneiden.

■ Backofen auf 180 °C vorheizen (keine Umluft).

■ Das Schmalz in einem Bräter erhitzen. Die Zwiebeln zugeben und bei mittlerer Hitze goldgelb anbraten. Mit Zucker bestreuen und karamellisieren, dann mit Wein ablöschen und einkochen.

■ Abgetropftes Sauerkraut, Möhrenstifte und Lorbeer hinzufügen, Fond angießen, würzen und alles zugedeckt im heißen Backofen auf der zweiten Schiene von unten ca. 80 Minuten

TIPP

■ Ofen-Sauerkraut schmeckt sehr gut zu Schupfnudeln und gebratener Blutwurst.

schmoren. Dabei immer wieder umrühren. Das Ofen-Sauerkraut soll dabei sämig einkochen.

■ Für das **Kürbis-Sauerkraut** den Kürbis in ca. 1 cm große Würfel schneiden, die Zwiebeln schälen und fein würfeln.

■ In einem Topf das Öl erhitzen, den Kürbis zugeben und 2–3 Minuten anbraten. Kürbis aus dem Topf nehmen und beiseite legen.

■ Das Butterschmalz im Topf erhitzen und die Zwiebeln darin glasig anschwitzen. Das Sauerkraut kurz mitdünsten, dann Apfelsaft, Gemüsefond, Lorbeer, Wachholder und Nelke zugeben und alles zugedeckt bei mittlerer Hitze ca. 1 Stunde garen.

■ Etwa 20 Minuten vor Ende der Garzeit die angebratenen Kürbiswürfel und die Sahne unterrühren. Mit Salz, Pfeffer und Zucker nach Geschmack würzen.

■ Kürbiskerne in einer Pfanne ohne Fett anrösten, danach abkühlen lassen. Vor dem Servieren das Kraut mit den gerösteten Kürbiskernen bestreuen.

TIPP

■ Semmelknödel passen am besten zum Kürbis-Sauerkraut.

Sommersalat mit Schafskäse

4 Portionen Schafskäse à 100 g | 3 EL Honig | 2 EL Kräuter der Provence | 1 EL bunter Pfeffer, zerstoßen

Salat 600 g Ananas, Kiwi, Mango und Melone, ohne Schale | 400 g gemischter Blattsalat, gewaschen und getrocknet

Sauce 8 EL Walnussöl | 3 EL weißer Balsamico | 1 TL süßer Senf | 1 EL Orangensaft | 2 TL Honig | Salz, bunter Pfeffer, frisch gemahlen

■ Die Schafskäseportionen in feuerfeste Formen legen. Den Honig mit Kräutern und Pfeffer vermischen, den Käse damit überziehen und einen halben Tag marinieren lassen.

■ Backofen auf 160 °C vorheizen. Schafskäse in den Formen im heißen Ofen ca. 8 Minuten erwärmen.

■ Die Früchte in mundgerechte Stücke schneiden. Die Blattsalate auf Tellern als Kranz anrichten und mit Fruchtstücken dekorieren.

■ Die Zutaten für die Sauce glatt verrühren und abschmecken; Salat und Fruchtstücke damit beträufeln.

■ Den Schafskäse mit einem Pfannenwender vorsichtig aus der Form nehmen und in die Mitte des Salates setzen.

TIPP

■ Frisches, knuspriges Baguette dazu servieren.

Conference

Adresse
Restaurant Andante
Atrium Hotel Mainz
Flugplatzstraße 44
55126 Mainz
Telefon: 06131/4910
E-Mail: info@atrium-mainz.de

Öffnungszeiten
Mo–Sa ab 18.00 Uhr
So Ruhetag

28
Anspruchsvoll und bodenständig

Eva Eppard
im Restaurant Andante in Mainz

Bereits als Siebenjährige wusste Eva Eppard, dass sie Köchin werden wollte. Von diesem Berufswunsch war ihre Mutter zunächst nicht sonderlich begeistert, da Kochen oft noch als Männerdomäne gilt. Inzwischen hat sie nicht nur ihre Mutter von der Richtigkeit ihrer Entscheidung überzeugt. Selbst für die renommiertesten nationalen und internationalen Sterne-Köche ist sie keine Unbekannte mehr.

Mittlerweile gehört Eva Eppard zu den wenigen deutschen Köchinnen, die mit Aussicht auf Erfolg nach den begehrten Sternen greifen. Mit viel Engagement und Talent geht sie unbeirrt ihren Weg und beweist, dass Frauen nicht nur an den heimischen Herd gehören, sondern auch anspruchsvollste Aufgaben in der Gastronomie meistern.

Nach beendeter Ausbildung im Restaurant *Andante* des Mainzer Vier-Sterne-Superior-Hotels wurde Eva Eppard dort bald Küchenchefin, erweiterte ihr Können dann aber zunächst im Ausland. Sie kochte in Davos, St. Moritz und mit der „besten Köchin der Welt" Johanna Maier in Filzmoos. An Bord der Viermast-Luxusyacht *Sea Cloud* segelte sie als erste Küchenchefin um die halbe Erde.

2005 kehrte sie an ihren früheren Ausbildungsplatz zurück. Dank ihrer Kochkunst rangiert das *Andante* seither stets unter den Ersten der regionalen Top Ten. Illustrer Besuch ist im Atrium-Hotel keine Seltenheit. Für alle Gäste und die zahlreichen besonderen Anlässe lässt sich Eva Eppard immer wieder etwas Besonderes einfallen. Zum Besuch der damals amtierenden Deutschen Weinkönigin lautete beispielsweise das Motto „Frauen-Wirtschaft" – pas-

Edles Design und warme Farben – perfekte Gastlichkeit genießen.

send für den Vorabend eines Weiberfastnacht-Donnerstags –, zu dem es ein Vier-Gänge-Menü aus ihrer Feinschmecker-Küche gab. Und als im Jahr 2006 das mittlerweile sehr beliebte *Mainzer TasteTival* startete, war sie sofort mit Feuereifer dabei. 2010 fand dieses Ereignis unter dem Motto *Die Rosenrevolution* statt. Dazu luden ausschließlich einige ausgewählte Köchinnen und Winzerinnen ein, die auch sonst das Kommando in Küche und Keller haben, und begeisterten mit ihrer „Genussparty der Extraklasse" eine verwöhnte Gästeschar.

Trotz allen Trubels in der Küche findet die quirlige und lebenslustige Köchin zwischendurch immer wieder Zeit, für einen kurzen Plausch mit den Gästen. Ihre offene, herzliche und bodenständige Art trägt neben ihren hervorragenden Kochkünsten dazu bei, dass sie schon lange zu den regionalen Spitzenköchinnen gehört und über die Grenzen hinaus Anerkennung findet.

2008 wurde sie mit vier anderen Spitzen-und Sterne-Köchinnen für die Zeitschrift BRIGITTE portraitiert. Die geladenen Expertinnen präsentierten jeweils ein exklusives Weihnachtsmenü und tauschten für einen Tag die Kochjacken gegen eine festliche Abendrobe. Im darauf folgenden Jahr wurde sie (wie Ute Völker aus Oppenheim, vgl. Seite 14 ff.) gebeten, ebenfalls mit der Elite deutscher Kolleginnen am viel gerühmten Event „Frauen-Power – Power-Frauen" auf Schloss Vollrads im Rheingau teilzunehmen.

Trotz ihres großen Arbeitspensums sitzt sie samstags als Expertin für Hörerfragen rund um das Thema Kochen im Studio des SWR 4. Außerdem kocht sie öffentlich für den guten Zweck und hat es zusätzlich geschafft, zusammen mit dem Journalisten Martin Lagoda 2009 *Das Kochbuch der vergessenen Genüsse: Moderne Rezepte mit wiederentdeckten Zutaten* zu veröffentlichen.

Neben leichter, mediterraner Kost und ausgefallenen Kreationen für die anspruchsvollen Gäste des 4-Sterne Hotels, klingt ihr persönliches Lieblingsgericht völlig unspektakulär: *Bratwurst, Rotkohl und Püree.*

Ausflugstipps

Das Atrium Hotel ist von riesigen Obstgärten umgeben, die insbesondere im Frühjahr zu ausgiebigen Spaziergängen mit Blick auf den Rheingau einladen. Nur wenige Kilometer entfernt liegt die bekannte **Rotweinstadt Ingelheim** mit zahlreichen touristischen Attraktionen wie der Kaiserpfalz, der Burgkirche, dem Bismarckturm, in dessen unmittelbarer Nähe sogar sieben Bengal-Tiger ein Zuhause haben.

Wer die Rheinseite wechseln und das Bundesland verlassen möchte, erreicht mit der Fähre in wenigen Minuten das gegenüberliegende Ufer.

Die Umgebung des Atrium Hotels lädt zu Spaziergängen ins Grüne ein.

Grobe Bratwurst mit Kartoffelpüree und Gewürzrotkohl

4 grobe Bratwürste, Hausmacher Art | 1 EL Öl oder Schweineschmalz zum Braten

Püree 750 g Kartoffeln, mehlig kochend | 150–200 ml Milch | 50 g Butter | etwas steif geschlagene Sahne (nach Geschmack) | Salz, Pfeffer | Muskat, frisch gerieben

Rotkohl 500 g Rotkohl | 75 g Zwiebelwürfel | 2 EL Schweineschmalz | 25 ml Rotwein oder Himbeeressig | 100 ml Wasser | 1 Apfel, geschält und gewürfelt | 1 Lorbeerblatt | Salz, Pfeffer | 1 TL Zucker | Salz, Pfeffer | 1 Prise Zimtblüte, gemahlen | 50 ml Himbeer- oder Cassispüree, ohne Kerne | 2 TL Speisestärke, in etwas Wasser angerührt

■ Die Bratwürste im heißen Fett langsam von beiden Seiten braten, bis sie gar sind. Warm halten.
■ Für das Püree Kartoffeln schälen und in Salzwasser weich kochen. In der Zwischenzeit die Milch mit der Butter erwärmen.
■ Die weich gekochten, heißen Kartoffeln durch eine Presse drücken und in die warme Milch rühren. Bei schwacher Hitze zu einem lockeren Kartoffelpüree schlagen.
■ Wer das Püree noch luftiger mag, kann kurz vor dem Servieren etwas geschlagene Sahne unterheben. Mit Salz, Pfeffer und Muskat abschmecken.

Bei einer Spitzenköchin wird auch die Bratwurst mit Gewürzrotkohl zum Erlebnis.

■ Rotkohl fein hobeln. Die Zwiebeln im Schmalz goldgelb rösten, Rotkohl hinzufügen, kurz mitdünsten, dann mit Wein bzw. Essig und Wasser ablöschen.

■ Den Rotkohl bei mittlerer Hitze weich kochen, nach ca. 20 Minuten die Apfelwürfel, den Lorbeer und die Gewürze dazugeben und weiter kochen lassen. Immer wieder im Topf umrühren und bei Bedarf mit etwas mehr Wasser aufgießen.

■ Kurz vor Ende der Kochzeit das Himbeer- oder Cassispüree unterrühren und nochmals kräftig abschmecken. Das Gemüse sollte nun eine sämige Konsistenz bekommen.

■ Mit der angerührten Speisestärke den Rotkohl leicht binden und heiß zu Kartoffelpüree und Bratwurst servieren.

Joghurtmousse und Finther Aprikosen

Für 6–8 Portionen

Mousse 265 g Zucker | 150 ml Wasser | 1 Vanillestange | 4 Eigelbe | 2 Eier | 5 Blatt Gelatine | 380 ml Sahne | 4 Eiweiß | 1 kg Joghurt, 10% Fett | 30 ml Cointreau | 15 ml Limettensaft | Schalenabrieb von ½ unbehandelte Bio-Limette

Aprikosen 500 g Aprikosen | 80 g Zucker | 80 ml Wasser | ½ Vanillestange, aufgeschnitten

Garnitur 6–8 kleine Zweige frischer Minze

■ Für die Mousse 85 g Zucker und Wasser mit dem ausgekratzten Vanillemark zu einem Sirup kochen und erkalten lassen. Mit den Eigelben und ganzen Eiern in eine Rührschüssel geben und im Wasserbad zu einer Creme aufschlagen. In eine Küchenmaschine umfüllen und kalt rühren, danach bei kleiner Stufe schaumig aufschlagen.

■ Die eingeweichte Gelatine schmelzen und unter die Eiermasse rühren.

■ Sahne und das Eiweiß getrennt steif schlagen. Einen kleinen Teil der geschlagenen Sahne mit dem Joghurt, 180 g Zucker, Cointreau, Limettensaft und -abrieb unter die Eiermasse rühren. Danach den Eischnee unterziehen und zum Schluss die geschlagene Sahne. Die Mousse in Gläser oder Schalen füllen und kalt stellen.

■ Aprikosen halbieren, entkernen und klein schneiden. In einem Topf den Zucker mit Wasser schmelzen und mittelbraun karamellisieren. Die Aprikosenstücke unterrühren, Vanille zugeben und mit 150 ml Wasser ablöschen. So lange köcheln, bis die Aprikosen weich sind und der Karamell eingekocht ist (alternativ können die Aprikosenhälften am Stück karamellisiert werden).

■ Karamellisierte Aprikosen über die Mousse geben und mit einer Moussenocke garnieren oder die karamellisierte Aprikosenhälften getrennt dazu servieren und jeweils mit einem kleinen Zweig frischer Minze garnieren.

Genuss in zwei Etagen

29

Maddalenas Welt in Mainz

Maddalena Maiurano
im Ristorante Il Mondo in Mainz-Finthen

Adresse
Ristorante Il Mondo
Kurmainzstraße 24
55126 Mainz-Finthen
Telefon: 06131/604352
E-Mail: info@ilmondo-mainz.de
Website: www.ilmondo-mainz.de

Öffnungszeiten
täglich 11.30–14.30 Uhr
(Küche bis 14.00 Uhr)
und 18.00–23.00 Uhr
(Küche bis 21.30 Uhr)
Mo Ruhetag
Sa mittags geschlossen

Vorhang auf für eine kulinarische Reise durch die Küchen Italiens! Was macht gutes italienisches Essen aus? Ganz einfach: Eine Köchin, die diese vielfältige Küche liebt und den gewohnten Standard raffiniert verfeinert!

Geboren in Pompeji und zweisprachig in Mainz aufgewachsen, absolvierte Maddalena Maiurano zunächst eine Ausbildung als Einzelhandelskauffrau im Lebensmittelbereich. Doch sie wollte mehr. Wie es in traditionellen italienischen Familien nun mal so ist, wurde sie schon als Kind von ihrer Mutter in der Küche eingespannt. Sonntags wurde frische Pasta zubereitet und ganz alte Gerichte gekocht. Diese Rezepturen wurden in der Familie von der Großmutter und den Tanten immer weitergegeben. Ihr Ehemann ermutigte sie schließlich, ihre Begeisterung für das Kochen professionell zu nutzen. Nun kocht sie seit mehr als 16 Jahren mit Leidenschaft die alten Familiengerichte im „Il Mondo", das sie gemeinsam mit ihrem Mann Antonio betreibt.

Die kalabrischen und neapolitanischen Spezialitäten des Hauses begeistern und die verschiedenen Pizze aus dem italienischen Steinofen sind etwas Besonderes.

Klassische Vorspeisen, wie *Vitello Tonnato* oder *Carpaccio vom Rind mit Parmesan und Focaccia*, bieten die meisten italienischen Restaurants, die in der Regel moderne und auch neue Gerichte auf der Karte haben. Doch das alte traditionelle Essen, ohne das sonst übliche Chichi, findet man in dieser Form eben nur im „Il Mondo" bei Maddalena. Deswegen kommen die Gäste zu ihr und auch wegen der Produktqualität sowie der Finesse ihrer einfachen Küche. Das Ristorante ist gut ausgelastet und das

Italienische Küche mit musikalischer Untermalung

Im pittoresken Innenhof lässt es sich schlemmen wie in Italien.

ist für die italienische Köchin die Bestätigung, dass sie auf dem richtigen Weg ist.

Neben diversen Fleisch- und Wildspezialitäten besticht auch das Fisch- und Meeresfrüchteangebot. Ein gegrilltes Schwertfischfilet, eine ganze Dorade oder ein Wolfsbarsch in Alufolie, nach altem Rezept gebacken, oder Riesengarnelen, aromatisiert in Weißwein … Maddalena Maiuranos Phantasie zur Vielfältigkeit sind keine Grenzen gesetzt.

Das Lieblingsgericht der temperamentvollen Köchin sind Hausgemachte *Pappardelle mit Ragú*, je nach Saison (z. B. vom Hirsch) mit Steinpilzen. Als Dessert ist das *Tiramisú*, nach ihrem eigenen Rezept, ein wahrer Hochgenuss.

Zum Essen bietet Antonio Maiurano, der im Service und der Beratung professionell und galant seine Gäste betreut, eine erstaunliche Auswahl italienischer Weine an. Doch nicht nur Weine gibt es im Ausschank. Neben diversen Biersorten und alkoholfreien Getränken fällt auf dem Tresen das beträchtliche Angebot feiner Spirituosen auf.

Und was verbindet der Deutsche außer gutem Essen noch mit Italien? Die Musik! Der allgemeine Sparzwang ist in Bezug von Genuss und Musik bei der Familie Maiurano noch nicht angekommen. Zur musikalischen Untermalung eines gelungenen Abends leisten sie sich allabendlich von 19.00 bis 22.00 Uhr einen Pianisten, der auf dem Flügel im Gastraum altitalienische Weisen spielt. Danach kann noch in der angeschlossenen Bellini-Bar weitergefeiert werden.

Le quattro Stagioni – Die vier Jahreszeiten

Neu hinzugekommen ist der Festsaal. Hier werden Feste gefeiert, ob Familienfeiern oder geschäftliche Veranstaltungen. Das engagierte Paar kümmert sich um die Details, wie z. B. die Organisation einer Party mit Discjockey, und natürlich auch um den kulinarischen Genuss, damit es ein rundum gelungenes Fest wird.

Im pittoresken Innenhof können 50 Gäste die begehrten Schlemmereien des Hauses kosten. Übrigens: Auch hier draußen müssen Sie auf die Musik nicht verzichten. Ein Pianist sorgt auf dem E-Piano für stimmungsvolle Stunden.

Ausflugstipp

Einen Bummel durch die historische **Mainzer Altstadt** beginnt man am besten in der malerischen Augustinerstraße, der Flaniermeile im Schatten des Doms. Kleine Geschäfte, Boutiquen, Cafés und Weinstuben laden zum Verweilen ein. Hier pulsiert das Leben und mitten in dieser Betriebsamkeit ragt die Barockfassade der **Augustinerkirche** empor. Von 1768 bis 1776 erbaut, hat sie unbeschadet den Krieg überstanden und ist einen Besuch wert. Der **Kirschgarten,** eingerahmt von Fachwerkhäusern und dem Marienbrunnen, ist einer der schönsten Plätze dieser Stadt. Wer das Besondere sucht, findet es in den kleinen Gassen um den Kirschgarten.

Schritt für Schritt zu perfekten Focaccia

Focaccia

Für 1 kg Brot/2 Bleche

2 Würfel Hefe | 2 EL Zucker | 475 ml lauwarmes Wasser | 1 kg italienisches Weizenmehl für Pizza (Typo 00) | 80 g Butterschmalz, flüssig | 25 ml Milch | 2 EL Salz | Olivenöl zum Bepinseln | Salz und Rosmarin zum Bestreuen

■ In einer Rührschüssel Hefe und Zucker im Wasser auflösen. Mehl mit Salz hinzugeben und mit Knethaken verrühren. Geschmolzenes Butterschmalz und die Milch hinzufügen, bis ein glatter, weicher Teig entsteht, der jedoch nicht an den Händen kleben sollte. Wenn der Teig zu weich ist, etwas Mehl dazurühren – wenn er zu fest ist, ein bisschen Wasser hinzufügen.
■ Teig aus der Rührschüssel nehmen, nochmals mit den Händen kräftig durchkneten, dann die Masse halbieren und zwei ca. 2 cm hohe Vierecke daraus formen.
■ Die Arbeitsfläche mit Olivenöl bepinseln und die Teig-Vierecke nebeneinander auflegen. Die Teigoberflächen ebenfalls mit Olivenöl bepinseln, dann den Hefeteig eine halbe Stunde gehen lassen (das Öl verhindert, dass der Teig austrocknet).
■ Zwei Bleche dünn mit Olivenöl einfetten und mit je einem Teig-Viereck belegen. Mit Handflächen und Fingern den Teig zurechtdrücken, bis das ganze Blech belegt ist. Mit den Fingerspitzen Mulden in den Teig drücken, um die typische Focaccia-Struktur zu erhalten. Danach den Teig reichlich mit Olivenöl bepinseln, mit Salz und Rosmarin bestreuen und dann 45 Minuten ruhen und weiter gehen lassen; der Teig sollte dabei das Doppelte der ursprünglichen Höhe erreichen.
■ Den Backofen auf 200 °C vorheizen.
■ Das Focaccia-Brot 25 Minuten goldgelb backen. Es kann heiß oder kalt serviert werden.

TIPPS

- Zum Formen des Hefeteigs kein Wellholz benutzen, damit nicht unnötig Luft aus der Masse gerollt wird.
- Es lohnt sich, für die original italienischen Rezepte auch Originalzutaten zu verwenden. Die echten Pasta- und Pizzamehle Typo 00 unterscheiden sich in ihrer Griffigkeit und in ihrem Kleberanteil deutlich von den bei uns erhältlichen Mehlen. In gut sortierten Feinkostabteilungen oder bei einem italienischen Lebensmittelladen sind diese Zutaten problemlos erhältlich.

Goldgelb nach 25 Minuten

Pappardelle, handgemacht

Pappardelle al Ragú

Nudelteig 400 g italienisches Weizenmehl für Pasta (Typo 00) | 4 Eier | 1 Prise Salz | 1 EL Olivenöl | Mehl für die Arbeitsfläche

Ragú napoletano 1 kg gut durchwachsenes Fleisch, wahlweise vom Rind, Schweinenacken, Wildschwein, Hirsch, Lamm oder sogar Hähnchen | Salz, Pfeffer | 1–2 TL Rosmarinpulver | 1 große Zwiebel, geschält | 6 kleine Dosen Schältomaten (Pelati) à 240 ml Abtropfgewicht | 5 EL Olivenöl | 400 ml trockenen Rotwein | ½ l Wasser

■ Für den Nudelteig Mehl zu einem Berg aufschütten, in der Mitte eine Mulde bilden; die Eier, das Salz und das Olivenöl in die Mulde geben. Mit einer Gabel die Flüssigkeit im Inneren verquirlen und dann langsam das Mehl von den Rändern her dazumischen.
■ Den Teig mit den Händen gut durchkneten, er sollte eine gleichmäßige, glatte Oberfläche bekommen. Den Nudelteig in eine Frischhaltefolie wickeln und eine Stunde an einem kühlen Ort (nicht im Kühlschrank) ruhen lassen.
■ Danach den Teig mit einem Nudelholz auf der mit Mehl bestäubten Arbeitsplatte nach und nach 1–2 mm dünn ausrollen, dabei die Arbeitsfläche immer wieder mit Mehl bestäuben, damit der Teig nicht kleben bleibt.
■ Die Nudelfläche gut mit Mehl bestreuen, dann einrollen und mit dem Messer in 1½ cm breite Pappardelle schneiden (nach Belieben können durch Variieren der Breite auch Spaghetti, Tagliolini oder Tagliatelle geschnitten werden).

■ Die Pappardelle mit den Händen auflockern und auf ein sauberes, mit Mehl bestäubtes Küchentuch legen.

■ Kurz vor dem Servieren die Nudeln in reichlich kochendem Salzwasser al dente garen, durch ein Sieb abseihen und abtropfen lassen.

■ Für das Ragú alla Bolognese Fleisch in grobe Stücke schneiden, in einer Schüssel mit Salz, Pfeffer und Rosmarinpulver würzen (Rosmarinpulver kann leicht auch selbst hergestellt werden: Frische Rosmarinzweige trocknen und die Nadeln zu Pulver mixen oder mörsern). Zwiebel klein schneiden, Pelati mit einem Stabmixer pürieren.

■ Zwiebel in einem großen Topf in Olivenöl anschwitzen. Das gewürzte Fleisch dazugeben und von allen Seiten bei starker Hitze anbraten. Während des Bratens immer wieder wenden, damit die Zwiebel nicht anbrennt.

■ Mit Wein ablöschen, die Hitze auf mittlere Stufe reduzieren und die Flüssigkeit einkochen lassen. Sobald der Wein reduziert ist, die pürierten Tomaten dazugeben und Wasser unterrühren. Mit Salz und Pfeffer würzen und das Ragú bei minimalster Hitze für einige Stunden (mindestens 1½ Stunden, es kommt auch auf das verwendete Fleisch an) köcheln.

■ Die frisch bissfest gekochten Nudeln mit der Sauce vermengen und servieren.

Al dente gekocht und dazu das originale Ragú napoletano – was will man mehr?

TIPPS

■ Dem Kochwasser für die Pasta einen Esslöffel Olivenöl beifügen, damit die Nudeln nicht aneinander kleben.

■ Die frischen Nudeln können auch getrocknet und erst ein paar Tage später zubereitet werden: Einzeln und mit etwas Abstand auf ein Holzgestell hängen und an einen trockenen, luftigen Ort stellen. Ganz wichtig dabei ist, dass die Nudeln ganz trocken sind und auch danach trocken und luftig gelagert werden.

■ Falls die Schältomaten einen leicht bitteren Geschmack haben sollten, kann dieser mit einer Prise Zucker neutralisiert werden.

In der Buchreihe bereits erschienen

Bayerische Weiberwirtschaft'n

Refugien für Leib und Seele – 30 Wirtinnen und ihre Lieblingsrezepte

Text von Hannelore Fisgus, Fotos von Barbara Lutterbeck,

Idee und Konzeption von Ria Lottermoser-Fetzer

144 Seiten mit 156 Farbfotos, ISBN 978-3-7750-0621-7.

Porträts und Lieblingsrezepte von 30 Wirtinnen aus Schwaben, Franken, der Oberpfalz, Nieder- und Oberbayern, die mit Leib und Seele ihre Gasthäuser, Wirtsstuben und Restaurants führen und neben einem guten Bier auch Wert auf eine gepflegte Weinkarte legen.

Erfrischend geschrieben, führt das Buch durch die bayerische „weibliche" Wirtshauskultur mit fundierten Tipps, vielen Anekdoten, amüsanten Plaudereien und den Lieblingsrezepten der Wirtinnen, vom einfachen Strudel bis zu schmackhaften Wildgerichten, vom deftigen Braten bis zu hauchzartem Fisch, vom Alltagsgericht bis zum echten Schmankerl!

Adressen, Öffnungszeiten und erklärende Hinweise zur Anfahrt sowie Ausflugstipps machen das sympathische Buch zu einem echten kulinarischen Reiseführer. Abgerundet wird es durch eine Karte und eine Liste weiterer empfehlenswerter Gaststätten, die von Frauen geführt werden oder in denen Frauen am Herd stehen.

Weitere Informationen über unsere Bücher für Genießer – darunter Kulinarisches mit Tradition aus Deutschland und Europa, aber auch exotische Spezialitäten aus der ganzen Welt – senden wir Ihnen bei Interesse gerne unverbindlich und kostenlos zu!
Walter Hädecke Verlag, Postfach 1203,
71256 Weil der Stadt b. Stuttgart/Deutschland,
Fon +49(0)7033/138080, Fax +49(0)7033/1380813,
E-Mail info@haedecke-verlag.de.
Oder besuchen Sie uns im Internet auf unserer Website *www.haedecke-verlag.de*, auf der wir Ihnen neben wechselnden Rezepten und kulinarischen Tipps ausführliche Informationen über unser Programm bieten.

Winzerinnen und frauengeführte Weingüter in Rheinland Pfalz

Viele der hier genannten Weingüter bieten neben hervorragenden Weinen, Destillaten und Sekt auch Übernachtungsmöglichkeiten an und lohnen einen Besuch in dieser von Wein geprägten Kulturlandschaft mit langer Tradition. Die folgende Übersicht stellt nur eine Auswahl dar, sie erhebt keinen Anspruch auf Vollständigkeit und ist nach Postleitzahlen sortiert.

Weingut Willems-Willems
Carolin Hofmann
Mühlenstraße 13
54329 Konz-Oberemmel
Tel.: 06501/15816
Fax: 06501/150387
www.weingut-willems.de

Weingut Christophorus Hof
Simone Schmitt-Rieth
Heuerstraße 13
55129 Mainz-Hechtsheim
Tel.: 06131/593154
Fax: 06131/581162
www.christophorus-hof.de

Weingut Lothar Schneider & Tochter
Mirjam Schneider
Klein-Winternheimer-Weg 6
55129 Mainz-Hechtsheim
Tel.: 06131/59678
Fax: 06131/9728804
www.schneider-weingut.com

Weingut Eva Vollmer
Nieder Olmer Straße 65
55129 Mainz-Ebersheim
Tel.: 06136/46472
www.evavollmer-wein.de

Weingut Zehe
Birgit Zehe-Claus
Rheinhessenstraße 109
55129 Mainz-Hechtsheim
Tel.: 06131/593689
Fax: 06131/6192456
www.weingut-zehe.de

Weingut Zehnerhof
Martina Lemb-Geist
Grauelstraße 1
55129 Mainz-Hechtsheim
Tel.: 06131/509160
Fax: 06131/592637
www.winzer-in-hechtsheim.de

Weingut Weedenbornhof & Destillerie
Gesine Roll
Am Römer 4–6
55234 Monzernheim
Tel.: 06244/387
Fax: 06244/57331
www.weedenbornhof.de

Weingut Pauser
Eva Pauser
Im Baumfeld 40
55237 Flonheim
Tel.: 06734/8764
Fax: 06734/6756
www.weingut-pauser.de

Weingut Bunn – Margarethenhof
Lisa Bunn
Mainzer Straße 86
55283 Nierstein
Tel.: 06133/59290
www.weingut-margarethenhof.de

Weingut Ilse Dittewig-Bogen
Hauptstraße 115
55283 Nierstein
Tel.: 06133/59274
Fax: 06133/59274

Weingut Rollanderhof GbR
Brigitte Thörle-Weyerhäuser
Rollanderhof
55291 Saulheim
Tel.: 06732/61820
Fax.: 06732/8231

Weingut Kühling-Gillot
Carolin Spanier-Gillot
Ölmühlstraße 25
55294 Bodenheim
Tel.: 06135/2333
Fax: 06135/6463
www.kuehling-gillot.de

Weingut Konrad Closheim
Anette Closheim
Naheweinstraße 97
55450 Langenlonsheim
Tel.: 06704/1517
Fax: 06704/1516
www.anetteclosheim.de

Weingut Emrich-Montigny
Caroline Montigny
Burgundenstraße 1–3
55545 Bad Kreuznach
Tel.: 0671/65835
Fax: 0671/63535
www.emrich-montigny.de

Weingut von Racknitz GbR
Luise Freifrau von Racknitz-Adams
Disibodenberger Hof
55571 Odernheim
Tel.: 06755/285
Fax: 06755/1653
www.von-racknitz.com

Weingut Castel Peter
Barbara Hoffmann
Hoffmann und Merck GbR
Am Neuberg 2
67098 Bad Dürkheim
Tel.: 06322/5899
Fax: 06322/67978
www.castel-peter.de

Weingut Pfeffingen
Fuhrmann-Eymael
Karin Lambert
Pfeffingen 2
67098 Bad Dürkheim
Tel.: 06322/8607
Fax: 06322/8603
www.pfeffingen.de

Weingut Acham-Magin
Anna-Barbara Acham
Weinstraße 67
67147 Forst an der Weinstraße
Tel.: 06326/315
Fax: 06326/6232
www.acham-magin.de

Weingut Georg Mosbacher
Sabine Mosbacher-Düringer
Weinstraße 27
67147 Forst
Tel.: 06326/329
Fax: 06326/6774
www.georg-mosbacher.de

Weingut Mechthild Hammel GdbR
Fliesstraße 16
67158 Ellerstadt
www.mechthild-hammel.de

Weingut Werner Krück
Carmen Krück
Sperbergasse 1
67229 Großkarlbach
Tel.: 06238/3699
Fax: 06238/3243
www.weingut-krueck.de

Weingut Gerhard Mäurer GdbR
Doris Mäurer
Friedhofstraße 15
67273 Dackenheim
Tel.: 06353/6677
Fax: 06353/4160
www.maeurer-weine.de

Weingut Benzinger im Leiningerhof
Julia Benzinger
Weinstraße Nord 24
67281 Kirchheim an der Weinstraße
Tel.: 06359/1339
Fax: 06359/2327
www.weingut-benzinger.de

Weingut Janson Bernhard
Christine Bernhard
Hauptstraße 5
67308 Zellertal/Harxheim
Tel.: 06355/1781
Fax: 06355/3725
www.jansonbernhard.de

Weingut Weegmüller
Stefanie Weegmüller-Scherr
Mandelring 23
67433 Neustadt
Tel.: 06321/83772
Fax: 06321/480772
www.weegmueller.de

Weingut Georg Naegele
Eva Bonnet
Schloßstrasse 27–29
67434 Hambach
Tel.: 06321/2880
Fax: 06321/30708
www.naegele-wein.de

Weingut Nicole Graeber
Schanzstraße 21
67480 Edenkoben
Tel.: 06323/5568
Fax: 06323/6727
www.weingut-graeber.de

Dengler Seyler Weingut
Eva Seyler
Weinstraße Süd 6
67487 Maikammer
Tel.: 06321/5103
Fax: 06321/57325
www.dengler-seyler.de

Weingut Schales GdbR
Annette Schales-Allendorf
Alzeyer Straße 160
67592 Flörsheim-Dalsheim
Tel.: 06243/7003
Fax: 06243/5230
www.schales.de

Weingut Scultetus-Brüssel
Janine und Jasmin Brüssel
Winzerstraße 15
67595 Bechtheim
Tel.: 06242/7048
Fax: 06242/7077

Weingut und Gästehaus Stentz
Astrid Stentz
Mörzheimer Hauptstraße 47
76829 Landau
Tel.: 06341/30121
Fax: 06341/34565
www.stentz.de

Weingut Villa Hochdörffer
Lieselotte Hahn-Hochdörffer
Lindenbergstraße 79
76829 Landau-Nußdorf
Tel.: 06341/61598
Fax: 06341/64280
www.weingut-villa.de

Familienweingut Bangerth-Rinck
Esther Bangerth
Klingbachstraße 73
76831 Heuchelheim-Klingen
Tel.: 06349/8636
Fax: 06349/5609
www.bangerth-rinck.de

Weingut Scholler
Bettina Scholler
Alte Kirchstraße 7
76831 Birkweiler
Tel.: 06345/3529
Fax: 06345/8535
www.weingut-scholler.de

Weingut Amselhof
Natascha Hörner
Hauptstraße 4
76833 Knöringen
Tel.: 06341/932482
Fax: 06341/34282
www.amselhof.de

Weingut Rolf und Tina Pfaffmann
Sektgut – Edelobstbrennerei
Am Stahlbühl
76833 Frankweiler
Tel.: 06345/1364
Fax: 06345/5202
www.wein-pfaffmann.de

Wilhelmshof Wein- & Sektgut
Christa Roth-Jung
Queichstraße 1
76833 Siebeldingen
Tel.: 06345/919147
Fax: 06345/919148
www.wilhelmshof.de

Weingut Borell-Diehl
Annette Borell-Diehl
Weinstraße 47
76835 Hainfeld
Tel.: 06323/980530
Fax: 06323/980570
www.borell-diehl.de

Weinkellerei Julius Kimmle
GmbH & Co. KG
Iris Kimmle
Agnes-Kimmle-Straße 1
76889 Kapellen-Drusweiler
Tel.: 06343/934637
Fax: 06343/934649
www.kimmle-wein.de

Stiftsweingut Meyer
Manuela Meyer
Weinstraße 37
76889 Klingenmünster
Tel.: 06349/7446
Fax: 06349/5752
www.stiftsweingut-meyer.de

Weingut & Destillerie
Ullrich
Evi Ullrich-Friedrich
Schäfergasse 25
76889 Pleisweiler/Oberhofen
Tel.: 06343/2312
Fax: 06343/61566
www.weingut-ullrich.de

Rezeptregister

Wenn nicht anders vermerkt, sind die Rezepte für 4 Personen berechnet.

Christa Aubel ist in Rheinland-Pfalz geboren und aufgewachsen, lebt aber seit vielen Jahren in Frankfurt am Main. Die ausgebildete Bankkauffrau arbeitete zuletzt bei einer deutschen Großbank. Als engagierte und neugierige Hobbyköchin widmet sie sich nun als freie Autorin den kulinarischen Themen.

Barbara Feyerabend ist seit vielen Jahren freie Filmemacherin im Bereich psychosoziale Dokumentationen für die Fernsehsender WDR und ZDF. Sie studierte Erziehungswissenschaften, Psychologie und Soziologie und hat bisher zwei Bücher veröffentlicht: „Schattenmänner" (MorgenbuchVerlag) und „Auf vier Pfoten in den Himmel" (Christian Brandstätter Verlag).

Dank
Das Buch entstand nach einer Idee von Ria Lottermoser, die mit ihrem Buch „Bayrische Weiberwirtschaft'n" den Grundstein für diese Reihe legte.

ISBN 978-3-7750-0504-3

www.haedecke-verlag.de
4 3 2 1 · 2014 2013 2012 2011

Rezeptredaktion: Christine Messer-Hausch
Fotos: Angela Francisca Endress
Kartographie: Bilddatenbank Rheinland-Pfalz Tourismus GmbH
Layout und Satz: BUCHFLINK Rüdiger Wagner, Nördlingen
Gesetzt in der Helvetica und Rotation
Gesamtherstellung: Offizin Andersen Nexö Leipzig GmbH

Printed in Germany 2011